# 1か月で復習する アラビア語 基本の500単語

榮谷 温子

語研

## 音声について（音声無料ダウンロード）

◆ 本書の音声は無料でダウンロードすることができます。下記の URL または QR コードより本書紹介ページの【無料音声ダウンロード】にアクセスしてご利用ください。

**https://www.goken-net.co.jp/catalog/card.html?isbn=978-4-87615-434-0**

◆ 音声は，見出し語→例文の順番で 1 回ずつ，ナチュラルスピードよりもややゆっくりめで収録されています。

◆ 見出し語と例文にはルビをふりましたが，日本語にはない発音もあるため，音声を繰り返し聞いていただくのがより効果的です。

**⚠ 注意事項 ⚠**

- ダウンロードで提供する音声は，複数のファイルを ZIP 形式で 1 ファイルにまとめています。ダウンロード後に復元（解凍）してご利用ください。ZIP 形式に対応した復元アプリを必要とする場合があります。
- 音声ファイルは MP3 形式です。モバイル端末，パソコンともに，MP3 ファイルを再生可能なアプリ，ソフトを利用して聞くことができます。
- インターネット環境によってダウンロードできない場合や，ご使用の機器によって再生できない場合があります。
- 本書の音声ファイルは，一般家庭での私的使用の範囲内で使用する目的で頒布するものです。それ以外の目的で複製，改変，放送，送信などを行いたい場合には，著作権法の定めにより著作権者等に申し出て事前に許諾を受ける必要があります。

# はじめに

アラビア語はアラビア半島から北アフリカにかけての広い地域で用いられている言語です。そのため方言も多く，またそれがアラビア語の魅力のひとつでもあるのですが，本書は「正則アラビア語（フスハー）」と呼ばれる一種の共通語を対象としています。

イスラームの聖典クルアーン（俗に言うコーラン）が正則アラビア語で啓示されたことから，イスラーム文化とアラビア語は切っても切れない関係にあります。同時に，アラブ世界にはキリスト教などイスラーム以外の宗教を信じる方々もいらっしゃいますし，イスラーム以前の遺跡も数多く残っています。また，同じアラブ世界であっても，地域によって異なる文化があります。

本書に挙げた 500 語やその関連語の中には少し難しいものも含まれていますが，単に基礎的な単語だけでなく，こうした広く奥深いアラブ世界やアラブ文化を理解するのに欠かせない単語を集めました。加えて，アラビア語文法の要点を文法復習としてまとめてあります。

なお，本書でカタカナで示された発音は，語尾を省略した自然な話し言葉の発音に近いものです。正確な格語尾や動詞活用語尾などは，これぞアラビア語学習の肝でもありますので，アラビア文字やそれに付された発音記号でしっかり確認してください。もちろん，アラビア語の発音はカタカナで表しきれるものではありません。付属音声で正しい発音を会得してください。

本書の執筆にあたり，日本で長年アラビア語教育にたずさわってこられたミーラード・ラヒーミー先生には，アラビア語の例文を丹念にチェックしていただき，ナレーションも担当していただきました。感謝いたします。また遅筆な著者に忍耐強く対応してくださった語研編集部の西山美穂さんには厚く御礼を申し上げます。

この本が皆様のアラビア語学習やアラブ世界理解の一助となることを願ってやみません。

2024 年 4 月　榮谷 温子

# 目次

【吹き込み】Milad Rahaimi（ラヒミ・ミラード）

【装丁】クリエイティブ・コンセプト

# 本書の構成

- 暗記には付属の赤シートをご活用ください。
- 例文語注の 番号 は見出し語の左の見出し語番号にあたります。
- 例文語注の 番号 は見出し語注の関連表現です。

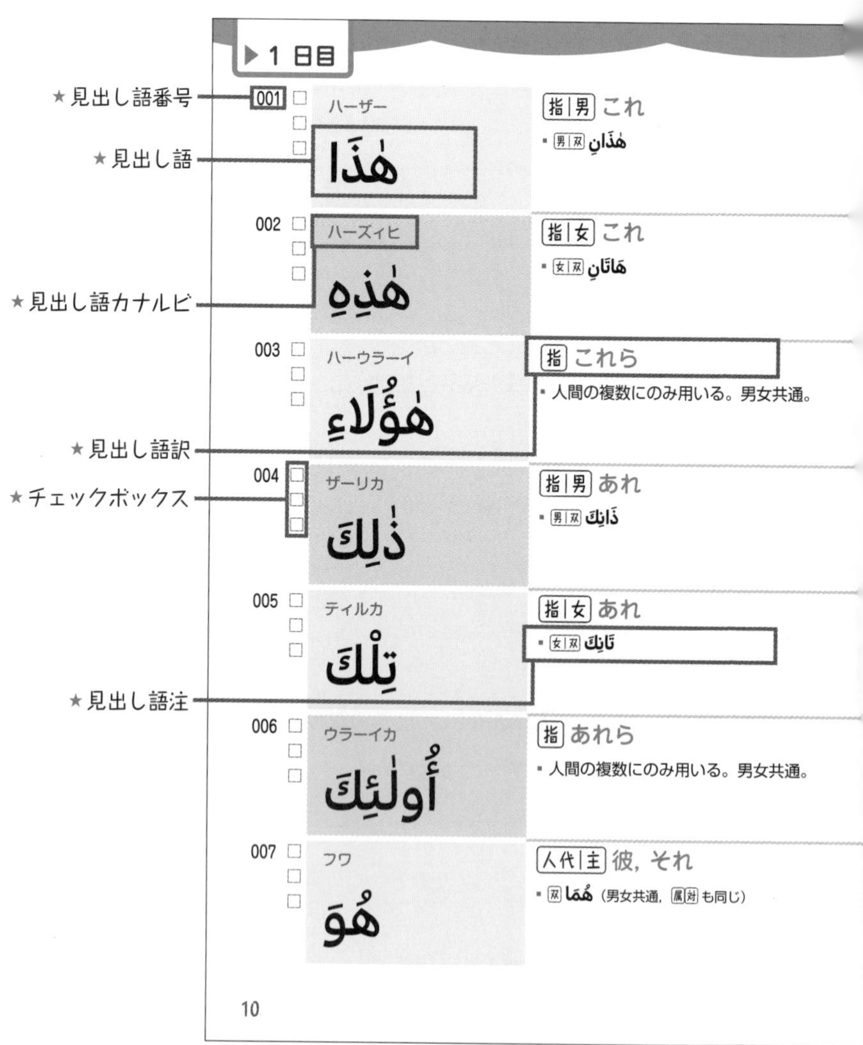

《品詞アイコンについて》

名 名詞　男 男性／男性形　女 女性／女性形　単 単数形　双 双数形
複 複数形　集 集合名詞　主 主格形　属 属格形　対 対格形　固 固有名詞
形 形容詞　人代 人称代名詞　指 指示詞　動 動詞　派 派生形
II～X 派生形第II形～第X形　1 1人称　2 2人称　3 3人称　完 完了形
未完 未完了形　接続 要求 命令　受 受動態　疑 疑問詞　副 副詞　間 間投詞
前 前置詞　接 接続詞　同 同義語　類 類義語　反 反対語　参 参照せよ

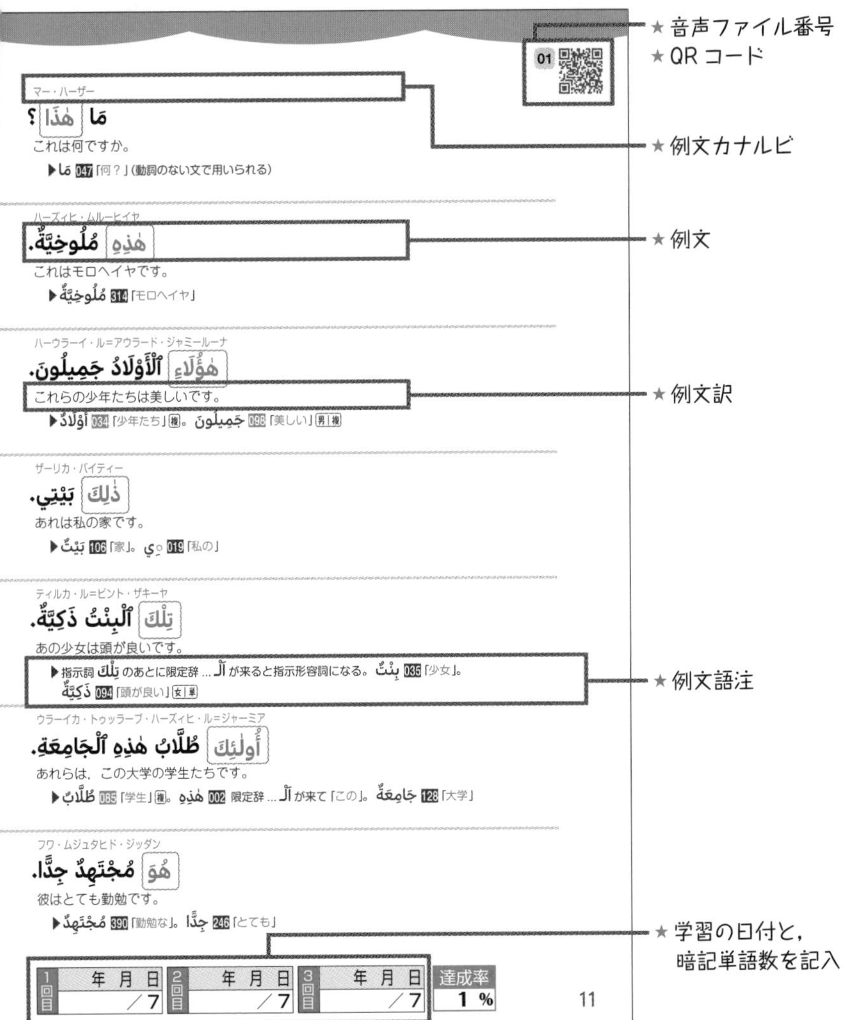

# 学習計画表

●約1か月弱で終えるためのスケジュールモデル《月曜開始の場合》

| | 月 | 火 | 水 | 木 | 金 | 土 | 日 |
|---|---|---|---|---|---|---|---|
| 日付⇨ | ／ | ／ | ／ | ／ | ／ | ／ | お休み または 復習 |
| | p.10～14<br>001-021 | p.16～20<br>022-042 | p.22～26<br>043-063 | p.28～32<br>064-084 | p.36～40<br>085-105 | p.42～46<br>106-126 | |
| チェック⇨ | 済 | 済 | 済 | 済 | 済 | 済 | |
| | 月 | 火 | 水 | 木 | 金 | 土 | 日 |
| | ／ | ／ | ／ | ／ | ／ | ／ | お休み または 復習 |
| | p.48～52<br>127-147 | p.54～58<br>148-168 | p.62～66<br>169-189 | p.68～72<br>190-210 | p.74～78<br>211-231 | p.80～84<br>232-252 | |
| | 済 | 済 | 済 | 済 | 済 | 済 | |
| | 月 | 火 | 水 | 木 | 金 | 土 | 日 |
| | ／ | ／ | ／ | ／ | ／ | ／ | お休み または 復習 |
| | p.88～92<br>253-273 | p.94～98<br>274-294 | p.100～104<br>295-315 | p.106～110<br>316-336 | p.114～118<br>337-357 | p.120～124<br>358-378 | |
| | 済 | 済 | 済 | 済 | 済 | 済 | |
| | 月 | 火 | 水 | 木 | 金 | 土 | 日 |
| | ／ | ／ | ／ | ／ | ／ | ／ | 総復習 |
| | p.126～130<br>379-399 | p.132～136<br>400-420 | p.140～144<br>421-441 | p.146～150<br>442-462 | p.152～156<br>463-483 | p.158～162<br>484-504 | |
| | 済 | 済 | 済 | 済 | 済 | 済 | |

＊開始日を記入し，終わったら済マークをなぞってチェックしてください。

●計画表フリースペース（自分なりのスケジュールを立てたい方用）

| | | | | | | |
|---|---|---|---|---|---|---|
| ／ | ／ | ／ | ／ | ／ | ／ | ／ |
| - | - | - | - | - | - | - |
| 済 | 済 | 済 | 済 | 済 | 済 | 済 |
| | | | | | | |
| ／ | ／ | ／ | ／ | ／ | ／ | ／ |
| - | - | - | - | - | - | - |
| 済 | 済 | 済 | 済 | 済 | 済 | 済 |
| | | | | | | |
| ／ | ／ | ／ | ／ | ／ | ／ | ／ |
| - | - | - | - | - | - | - |
| 済 | 済 | 済 | 済 | 済 | 済 | 済 |
| | | | | | | |
| ／ | ／ | ／ | ／ | ／ | ／ | ／ |
| - | - | - | - | - | - | - |
| 済 | 済 | 済 | 済 | 済 | 済 | 済 |

＊上から曜日，日付，習得した見出し語の開始と終わりの番号，済マークのチェック欄になります。自由にカスタマイズしてお使いください。

001 □□□

ハーザー

هٰذَا

指|男 これ

▪ 男|双 هٰذَانِ

002 □□□

ハーズィヒ

هٰذِهِ

指|女 これ

▪ 女|双 هَاتَانِ

003 □□□

ハーウラーイ

هٰؤُلَاءِ

指 これら

▪ 人間の複数にのみ用いる。男女共通。

004 □□□

ザーリカ

ذٰلِكَ

指|男 あれ

▪ 男|双 ذَانِكَ

005 □□□

ティルカ

تِلْكَ

指|女 あれ

▪ 女|双 تَانِكَ

006 □□□

ウラーイカ

أُولٰئِكَ

指 あれら

▪ 人間の複数にのみ用いる。男女共通。

007 □□□

フワ

هُوَ

人代|主 彼, それ

▪ 双 هُمَا（男女共通, 属|対も同じ）

マー・ハーザー

**مَا هٰذَا ؟**

これは何ですか。

▶ مَا 047「何？」(動詞のない文で用いられる)

ハーズィヒ・ムルーヒイヤ

**هٰذِهِ مُلُوخِيَّةٌ.**

これはモロヘイヤです。

▶ مُلُوخِيَّةٌ 314「モロヘイヤ」

ハーウラーイ・ル=アウラード・ジャミールーナ

**هٰؤُلَاءِ ٱلْأَوْلَادُ جَمِيلُونَ.**

これらの少年たちは美しいです。

▶ أَوْلَادٌ 034「少年たち」複。جَمِيلُونَ 098「美しい」男|複

ザーリカ・バイティー

**ذٰلِكَ بَيْتِي.**

あれは私の家です。

▶ بَيْتٌ 106「家」。ـِي 019「私の」

ティルカ・ル=ビント・ザキーヤ

**تِلْكَ ٱلْبِنْتُ ذَكِيَّةٌ.**

あの少女は頭が良いです。

▶指示詞 تِلْكَ のあとに限定辞 ...اَلْـ が来ると指示形容詞になる。بِنْتٌ 035「少女」。ذَكِيَّةٌ 094「頭が良い」女|単

ウラーイカ・トゥッラーブ・ハーズィヒ・ル=ジャーミア

**أُولٰئِكَ طُلَّابُ هٰذِهِ ٱلْجَامِعَةِ.**

あれらは，この大学の学生たちです。

▶ طُلَّابٌ 085「学生」複。هٰذِهِ 002 限定辞 ...اَلْـ が来て「この」。جَامِعَةٌ 128「大学」

フワ・ムジュタヒド・ジッダン

**هُوَ مُجْتَهِدٌ جِدًّا.**

彼はとても勤勉です。

▶ مُجْتَهِدٌ 390「勤勉な」。جِدًّا 246「とても」

| 1回目 | 年　月　日 | 2回目 | 年　月　日 | 3回目 | 年　月　日 | 達成率 |
|---|---|---|---|---|---|---|
| | ／7 | | ／7 | | ／7 | 1 % |

008 ヒヤ

هِيَ

人代|主 彼女, それ, それら

009 アンタ

أَنْتَ

人代|男|主 あなた［男］

- 双 أَنْتُمَا（男女共通）

010 アンティ

أَنْتِ

人代|女|主 あなた［女］

011 アナ

أَنَا

人代|主 私

012 フム

هُمْ

人代|主|属|対 彼ら

- هُنَّ 女|複「彼女たち」（主属対 同形）

013 アントゥム

أَنْتُمْ

人代|主 あなたたち

- أَنْتُنَّ 女|複「女性のみのあなたたち」

014 ナハヌ

نَحْنُ

人代|主 私たち

ヒヤ・クトゥブ・ウマル

**هِيَ كُتُبُ عُمَرَ.**

それらはウマルの本です。

▶人間でないものの複数は 女|複 扱い。كُتُبٌ 469「本」複

---

ミン・アイナ・アンタ

**مِنْ أَيْنَ أَنْتَ؟**

あなた〔男〕はどちらの出身ですか。（直訳：あなたはどこからですか）

▶مِنْ 065「～から」。أَيْنَ 049「どこ？」

---

ハーズィヒ・ハキーバトゥ=キ・アンティ

**هٰذِهِ حَقِيبَتُكِ أَنْتِ.**

これは，あなた〔女〕のカバンですよ。

▶هٰذِهِ 002「これ」。حَقِيبَةٌ 433「カバン」。كِ 018「あなた〔女〕の」。それを أَنْتِ で強調。

---

アナ・ビ=ハイル

**أَنَا بِخَيْرٍ.**

私は元気です。

▶بِخَيْرٍ 407「元気な」

---

ハーウラーイ・フム・ル=アティッバーッ

**هٰؤُلَاءِ هُمُ ٱلْأَطِبَّاءُ.**

この方々は，その医師たちです。

▶هٰؤُلَاءِ 003「これら」。أَطِبَّاءُ 088「医師」複。هُمْ は主語と述語を分ける働き。

---

ハル・アントゥム・ムフタンムーナ・ビ=ル=イスラーム

**هَلْ أَنْتُمْ مُهْتَمُّونَ بِٱلْإِسْلَامِ؟**

あなたたち〔男〕はイスラームに関心がありますか。

▶هَلْ 046「～ですか？」。～ مُهْتَمُّونَ بِـ 複 ← ～ مُهْتَمٌّ بِـ「～に関心のある」。
ٱلْإِسْلَامُ 338「イスラーム」

---

ナハヌ・ル=ヤーバーニーイーナ・ヌヒッブ・ル=アーサーラ・ル=ミスリーヤ・ル=カディーマ

**نَحْنُ ٱلْيَابَانِيِّينَ نُحِبُّ ٱلْآثَارَ ٱلْمِصْرِيَّةَ ٱلْقَدِيمَةَ.**

私たち日本人は，エジプトの古代遺跡が好きです。

▶يَابَانِيِّينَ 複|対 < يَابَانِيٌّ「日本人」< ٱلْيَابَانُ 211「日本」。نُحِبُّ「愛する」1|複|未完|直説 < أَحَبَّ 492。آثَارٌ「遺跡」複。مِصْرِيَّةٌ「エジプトの」女 < مِصْرُ 212「エジプト」。قَدِيمَةٌ 157「古い」女

| 1回目 年 月 日 | 2回目 年 月 日 | 3回目 年 月 日 | 達成率 |
|---|---|---|---|
| ／7 | ／7 | ／7 | 2 % |

015 フ
هُ
人代|属|対 彼, それ

016 ハー
هَا
人代|属|対 彼女, それ, それら

017 カ
كَ
人代|男|属|対 あなた［男］
▪ 双 كُمَا（男女共通）

018 キ
كِ
人代|女|属|対 あなた［女］

019 イー
ـِي
人代|属|対 私
▪ 対 は必ず ن を付加して ـنِي

020 クム
كُمْ
人代|属|対 あなたたち
▪ كُنَّ 女|複「女性のみのあなたたち」

021 ナー
نَا
人代|属|対 私たち

カタバ・ウンワーン・バイティ=ヒ・フナー

**كَتَبَ عُنْوَانَ بَيْتِهِ هُنَا.**

彼は彼の家の住所をここに書きました。

▶كَتَبَ 145「書く」3|男|単|完。عُنْوَانٌ 120「住所」。بَيْتٌ 106「家」。هِ<هُ「彼の」。
هُنَا 062「ここに」

---

ウムル=ハー・イシュルーナ・サナ

**عُمْرُهَا عِشْرُونَ سَنَةً.**

彼女の年齢は 20 年（20 歳）です。

▶عُمْرٌ「人生；年齢」(類 حَيَاةٌ 391)。عِشْرُونَ「20」。سَنَةٌ「年」(同 عَامٌ 193)

---

カイファ・ハール=カ

**كَيْفَ حَالُكَ ؟**

お元気ですか。（あなたの状態はいかがですか）

▶كَيْفَ 051「どのように」。حَالٌ「状態」

---

マ・スム=キ，ミン・ファドリ=キ

**مَا ٱسْمُكِ ، مِنْ فَضْلِكِ؟**

あなた〔女〕のお名前は何とおっしゃいますか。

▶مَا 047「何？」。اِسْمٌ 032「名前」。مِنْ فَضْلِكِ「どうか」(女|単 にお願いする際の表現)

---

ダアー=ニー・アスディカーイー

**دَعَانِي أَصْدِقَائِي.**

私の友人たちは私を呼びました。

▶دَعَا「呼ぶ」3|男|単|完。أَصْدِقَاءُ 036「友だち」複

---

バーラカ・ッラーフ・フィー=クム

**بَارَكَ ٱللّٰهُ فِيكُمْ.**

アッラーがあなたたちを祝福なさいますように。

▶... بَارَكَ فِي「…を祝福する」3|男|単|完。اَللّٰهُ 337「アッラー」

---

ラッブ=ナー・マア=クム

**رَبُّنَا مَعَكُمْ.**

私たちの主（＝神）があなたたちとともにいらっしゃいますように。

▶رَبٌّ「主，主人」。مَعَ 082「…とともに，一緒に」。كُمْ 020「あなたたち」

| 1回目 | 年 月 日 ／7 | 2回目 | 年 月 日 ／7 | 3回目 | 年 月 日 ／7 | 達成率 4 % |
|---|---|---|---|---|---|---|

022 アブ
أَبٌ
名|男 父
▪ 双 أَبَوَانِ（「両親」の意味になる）
複 آبَاءٌ　同 وَالِدٌ

023 ウンム
أُمٌّ
名|女 母
▪ 複 أُمَّهَاتٌ　同 وَالِدَةٌ

024 イブン
اِبْنٌ
名|男 息子
▪ 複 أَبْنَاءٌ（「子孫」の意味で使われる場合は بَنُونَ）
▪ 女 اِبْنَةٌ「娘」

025 アハ
أَخٌ
名|男 兄弟
▪ 双 أَخَوَانِ
複 إِخْوَةٌ（「同胞」の意味で使われる場合は إِخْوَانٌ）

026 ウフト
أُخْتٌ
名|女 姉妹
▪ 複 أَخَوَاتٌ

027 ジャッド
جَدٌّ
名|男 祖父
▪ 複 أَجْدَادٌ（「祖先」の意味になる）
女 جَدَّةٌ「祖母」

028 ハフィード
حَفِيدٌ
名|男 孫［男］
▪ 複 أَحْفَادٌ　女 حَفِيدَةٌ「孫娘」

アブー・アハマド・ムダッリス

**أَبُو أَحْمَدَ مُدَرِّسٌ.**

アフマドの父は教師です。

▶ مُدَرِّسٌ 087「教師」

---

リマーザー・スンミヤト・ミスル・ウンマ・ッ=ドゥンヤー

**لِمَاذَا سُمِّيَتْ مِصْرُ أُمَّ ٱلدُّنْيَا؟**

なぜ，エジプトは世界の母と呼ばれたのですか。

▶ لِمَاذَا 054「なぜ」。سُمِّيَتْ「呼ばれる」受|3|女|単|完 < سَمَّى「呼ぶ，名付ける」。
مِصْرُ 212「エジプト」。اَلدُّنْيَا「世界，現世」(㊜ عَالَمٌ 223)

---

ヤシュタギル・ブヌ・アヒー・フィー・シャリカティ・ッ=スィヤーハ

**يَشْتَغِلُ ٱبْنُ أَخِي فِي شَرِكَةِ ٱلسِّيَاحَةِ.**

私の甥（兄弟の息子）は旅行会社で働いている。

▶ يَشْتَغِلُ「働く」3|男|単|未完|直説 < اِشْتَغَلَ 140。أَخٌ 025「兄弟」。فِي 064「の中で」。
شَرِكَةٌ 135「会社」。سِيَاحَةٌ「観光」

---

アフー・ユースフ・ラジュル・カリーム

**أَخُو يُوسُفَ رَجُلٌ كَرِيمٌ.**

ユースフの兄（あるいは弟）は寛大な（気前の良い）男です。

▶ رَجُلٌ 037「男の人」。كَرِيمٌ 097「高貴な，寛大な，気前の良い」

---

リー・ウフターニ

**لِي أُخْتَانِ.**

私には，２人の姉妹がいます。

▶ لِـ ... 080「…の所有である」

---

アッ=サーア・ル=カディーマ・ル=カビーラ・ッ=タウィーラ・サーアトゥ・ジャッディー

**اَلسَّاعَةُ ٱلْقَدِيمَةُ ٱلْكَبِيرَةُ ٱلطَّوِيلَةُ سَاعَةُ جَدِّي.**

大きなのっぽの古時計は私のおじいさんの時計です。

▶ سَاعَةٌ 194「時計」。قَدِيمَةٌ 157「古い」女。كَبِيرَةٌ 092「大きい」女。
طَوِيلَةٌ 160「長い；背の高い」女

---

ウリダ・ハフィードゥ=フ・フィ・ッ=シャハリ・ル=マーディー

**وُلِدَ حَفِيدُهُ فِي ٱلشَّهْرِ ٱلْمَاضِي.**

彼の孫は先月生まれました。

▶ وُلِدَ「生まれる」受|3|男|単|完 < وَلَدَ 380。فِي 064「の中で」。شَهْرٌ 192「月 (month)」。
اَلْمَاضِي < مَاضٍ「過ぎ去った，先～」

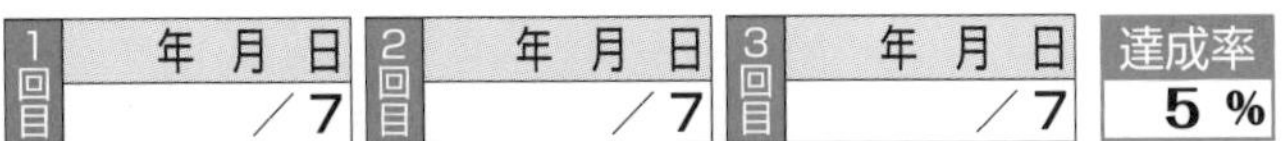

| 1回目 | 年　月　日 | 2回目 | 年　月　日 | 3回目 | 年　月　日 | 達成率 |
|---|---|---|---|---|---|---|
| | ／7 | | ／7 | | ／7 | 5 % |

029 ザウジュ
زَوْجٌ
名｜男 夫
▪ 複 أَزْوَاجٌ 女 زَوْجَةٌ「妻」

030 アンム
عَمٌّ
名｜男 父方のおじ
▪ 複 عُمُومٌ , أَعْمَامٌ
女 عَمَّةٌ「父方のおば」

031 ハール
خَالٌ
名｜男 母方のおじ
▪ 複 أَخْوَالٌ 女 خَالَةٌ「母方のおば」

032 イスム
اِسْمٌ
名｜男 名前
▪ 複 أَسْمَاءٌ

033 ウスラ
أُسْرَةٌ
名｜女 家族
▪ 複 أُسَرٌ 類 عَائِلَةٌ「大家族」

034 ワラド
وَلَدٌ
名｜男 男の子
▪ 複 أَوْلَادٌ 類男 طِفْلٌ「子ども［男］」

035 ビント
بِنْتٌ
名｜女 女の子
▪ 複 بَنَاتٌ 類女 طِفْلَةٌ「子ども［女］」

ウリダ・ワラド・リ=ッ=ザウジャイニ

**وُلِدَ وَلَدٌ لِلزَّوْجَيْنِ.**

その夫婦に男の子が生まれた。

▶وُلِدَ「生まれる」受|3|男|単|完 <وَلَدَ 380。وَلَدٌ 034「男の子」。لِ 080「のために」。
زَوْجَيْنِ 双|属 <زَوْجٌ「配偶者」

タザウワジャティ・ブナ・アンミ=ハー

**تَزَوَّجَتِ ٱبْنَ عَمِّهَا.**

彼女は従兄弟（父方のおじの息子）と結婚した。

▶تَزَوَّجَتْ「結婚する」3|女|単|完 <تَزَوَّجَ 387。اِبْنٌ 024「息子」

ザウジュ・ハーラティー・ムハーミン

**زَوْجُ خَالَتِي مُحَامٍ.**

おじ（母方のおばの夫）は弁護士です。

▶زَوْجٌ 029「夫」。مُحَامٍ「弁護士」

ビスミ・ッ=ラーヒ・ッ=ラフマーニ・ッ=ラヒーム

**بِسْمِ ٱللهِ ٱلرَّحْمٰنِ ٱلرَّحِيمِ.**

慈愛あまねく慈悲深きアッラーの御名において。（物事をし始めるときに言う）

▶...بِـ 076「…において」。سْمِ<ٱسْمٍ。اَللّٰهُ 337「アッラー」。اَلرَّحْمٰنُ「慈愛あまねき御方」。
رَحِيمٌ「慈悲深い」

アスバハタ・ミスラ・ウスラティ=ナー

**أَصْبَحْتَ مِثْلَ أُسْرَتِنَا.**

あなたは我々の家族同然になった。

▶أَصْبَحْتَ「なる」2|男|単|完 <أَصْبَحَ 100。مِثْلَ「のように」（㊂ ...كَـ 074）

ハル・リ=ッラーヒ・ワラド

**هَلْ لِلّٰهِ وَلَدٌ؟**

アッラーに息子がいるか。

▶هَلْ 046「～ですか？」。لِلّٰهِ>...لِـ+اَللّٰهُ。...لِـ 080「…の所有である」。اَللّٰهُ 337「アッラー」

タドルス・フィー・ジャーミア・リ=ル=バナート

**تَدْرُسُ فِي جَامِعَةٍ لِلْبَنَاتِ.**

彼女は女子大学で学んでいる。

▶تَدْرُسُ「勉強する」3|女|単|未完|直説 <دَرَسَ 382。فِي 064「の中で」。جَامِعَةٌ 128「大学」。
لِ 080「のために」

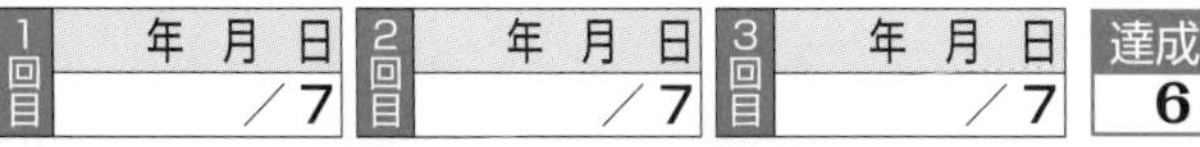

| 1回目 | 年 月 日 | 2回目 | 年 月 日 | 3回目 | 年 月 日 | 達成率 |
|---|---|---|---|---|---|---|
| | ／7 | | ／7 | | ／7 | 6 % |

036 サディーク

صَدِيقٌ

名|男 友だち［男］

▪ 複 أَصْدِقَاءُ 女 صَدِيقَةٌ

037 ラジュル

رَجُلٌ

名|男 男の人

▪ 複 رِجَالٌ

038 イムラア

اِمْرَأَةٌ

名|女 女の人

▪ 複 نِسْوَةٌ , نِسَاءٌ

▪（定冠詞のついた形）اَلْمَرْأَةُ

039 ヤー

يَا

間 ～よ（呼び掛け）

▪ 同 أَيُّهَا（男性名詞の前で），
أَيَّتُهَا（女性名詞の前で）

040 アッ＝サイイド

اَلسَّيِّدُ

名|男 （男性に）～氏

▪ 類 مِسْتِرْ

041 アッ＝サイイダ

اَلسَّيِّدَةُ

名|女 （結婚歴のある女性に）～さん

▪ 類 مَدَامْ

042 アル＝アーニサ

اَلْآنِسَةُ

名|女 （未婚女性に）～さん

▪ 結婚歴皆無の女性にのみ用いる。

ハル・サ＝ヤクーヌ・インディー・ミアトゥ・サディーク

**هَلْ سَيَكُونُ عِنْدِي مِئَةُ صَدِيقٍ؟**

友だち 100 人できるかな。

▶ هَلْ 046「～ですか？」。 سَـ...「～だろう（未来）」。 يَكُونُ「～である」3|男|単|未完|直説 < كَانَ 083。 عِنْدَ 081「～のもとに」。 مِئَةٌ「100」

---

ラカド・カタバ・ラジュル・ル＝アアマール・リ＝ブニ＝ヒ・サラースィーナ・リサーラ

**لَقَدْ كَتَبَ رَجُلُ ٱلْأَعْمَالِ لِٱبْنِهِ ثَلَاثِينَ رِسَالَةً.**

ビジネスマンは自分の息子に 30 通の手紙を書いた。

▶ لَقَدْ「既に」。 كَتَبَ 145「書く」3|男|単|完。 أَعْمَالٌ「仕事」複 < عَمَلٌ（参 شُغْلٌ 138）。 لِ 080「のために」。 ثَلَاثِينَ「30」対。 رِسَالَةٌ 143「手紙」

---

アル＝ヤウム・ッ＝サーミン・ミン・マーリス・フワ・ル＝ヤウム・ル＝アーラミー・リ＝ル＝マルア

**ٱلْيَوْمُ ٱلثَّامِنُ مِنْ مَارِسَ هُوَ ٱلْيَوْمُ ٱلْعَالَمِيُّ لِلْمَرْأَةِ.**

3 月 8 日は国際女性デーです。

▶ يَوْمٌ 190「日」。 ثَامِنٌ「第 8 の」。 مِنْ 065「～から」。 مَارِسُ「3月」（参 آذَارُ 178）。 عَالَمِيٌّ「世界の」< عَالَمٌ 223「世界」。 لِ 080「のために」

---

ヤー・サラーム

**يَا سَلَامُ!**

何ということだ！（直訳：平安よ！）

▶ سَلَامٌ 504「平和」

---

アッ＝サイイド・ムニール・ライース・ハーズィヒ・ッ＝シャリカ

**ٱلسَّيِّدُ مُنِيرٌ رَئِيسُ هٰذِهِ ٱلشَّرِكَةِ.**

ムニール氏はこの会社の社長です。

▶ رَئِيسٌ「社長，プレジデント（大統領などの意味も）」。 شَرِكَةٌ 135「会社」

---

カーナティ・ッ＝サイイダ・ハディージャ・アクバラ・ミナ・ン＝ナビー・ビ＝ハムサ・アシュラタ・サナ

**كَانَتِ ٱلسَّيِّدَةُ خَدِيجَةُ أَكْبَرَ مِنَ ٱلنَّبِيِّ بِخَمْسَ عَشْرَةَ سَنَةً.**

ハディージャ様は預言者より 15 歳年上だった。

▶ كَانَتْ「～である」3|女|単|完 < كَانَ 083。 أَكْبَرُ「より大きい（比較級）」< كَبِيرٌ 092「大きい」。 مِنْ 065「～より」。 نَبِيٌّ 340「預言者」。 بِـ... 076「…で」。 خَمْسَ عَشْرَةَ「15」女。 سَنَةٌ「年」（同 عَامٌ 193）

---

タアーライ・ヤー・アーニサ

**تَعَالَيْ يَا آنِسَةُ.**

いらっしゃい，お嬢さん。

▶ تَعَالَيْ「来い」女|単 < تَعَالَ 男|単

| 1回目 | 年 月 日 ／7 | 2回目 | 年 月 日 ／7 | 3回目 | 年 月 日 ／7 | 達成率 8 % |
|---|---|---|---|---|---|---|

043 □□□ ナアム **نَعَمْ**
間 はい

044 □□□ ラー **لَا**
間 いいえ

045 □□□ バラー **بَلَى**
間 （否定疑問文に対する Yes）

046 □□□ ハル **هَلْ**
疑 ～ですか？
- 類 أَ（否定文にも用いられる）

047 □□□ マー **مَا**
疑 何
- 類 مَاذَا（動詞を含む文で用いられる）

048 □□□ マン **مَنْ**
疑 誰

049 □□□ アイナ **أَيْنَ**
疑 どこ
（場所を示す前置詞＋名詞のような答えを期待する場合）

ハル・タシュラブ・カフワ　ナアム，ミン・ファドリ＝カ

## هَلْ تَشْرَبُ قَهْوَةً؟ --- نَعَمْ، مِنْ فَضْلِكَ.

コーヒーを飲みますか。—はい，お願いします。

▶هَلْ 046「～ですか？」。تَشْرَبُ「飲む」2|男|単|未完|直説 <شَرِبَ 298。قَهْوَةٌ 280「コーヒー」。مِنْ فَضْلِكَ「(男|単に対して)どうか」

---

ハル・アースィマトゥ・トゥルキヤー・イスタンブール　ラー，ヒヤ・アンカラ

## هَلْ عَاصِمَةُ تُرْكِيَا إِسْطَنْبُولُ؟ --- لَا، هِيَ أَنْقَرَةُ.

トルコの首都はイスタンブールですか。—いいえ，アンカラです。

▶هَلْ 046「～ですか？」。عَاصِمَةٌ「首都」。تُرْكِيَا「トルコ」。إِسْطَنْبُولُ「イスタンブール」。أَنْقَرَةُ「アンカラ」

---

ア＝ラー・タジーウ・ル＝ヤウム　バラー，サ＝アズール＝カ・イン・シャーア・ッラー

## أَلَا تَجِيءُ ٱلْيَوْمَ؟ --- بَلَى، سَأَزُورُكَ إِنْ شَاءَ ٱللّٰهُ.

今日あなたは来ないのですか。—いいえ，あなたを訪問します，アッラーの御旨ならば。

▶أَ「～ですか？」(参 هَلْ 046)。تَجِيءُ「来る」2|男|単|未完|直説 <جَاءَ 233。اَلْيَوْمَ 208「今日」。سَـ ...「～だろう(未来)」。أَزُورُ「訪ねる」1|単|未完|直説 <زَارَ 238。إِنْ شَاءَ ٱللّٰهُ 337「もしアッラーがお望みならば」

---

ハル・インダ＝クム・アスイラ

## هَلْ عِنْدَكُمْ أَسْئِلَةٌ؟

質問はありますか。

▶عِنْدَ 081「～のもとに」。أَسْئِلَةٌ「質問」複 <سُؤَالٌ 単

---

マー・ラアユ＝カ・フィー・ハーザー

## مَا رَأْيُكَ فِي هٰذَا؟

これをどう思いますか。（これにおけるあなたの意見は何か）

▶رَأْيٌ 487「意見」。فِي 064「の中で」

---

マン・マイー　マア＝カ・アハマド

## مَنْ مَعِي؟ --- مَعَكَ أَحْمَدُ.

どちら様ですか。（電話に出たときの質問）　—アフマドです。

▶مَعَ 082「と一緒に」

---

アイナ・ヤカウ・ブルジュ・ル＝カーヒラ

## أَيْنَ يَقَعُ بُرْجُ ٱلْقَاهِرَةِ؟

カイロ・タワーはどこにありますか。

▶يَقَعُ「位置する；落ちる」3|男|単|未完|直説 <وَقَعَ。بُرْجٌ「タワー」。اَلْقَاهِرَةُ「カイロ」

| 1回目 | 年　月　日 ／7 | 2回目 | 年　月　日 ／7 | 3回目 | 年　月　日 ／7 | 達成率 9 % |
|---|---|---|---|---|---|---|

050 □□□ マター

مَتَى

疑 いつ
（時を表す副詞や前置詞句などを答えとして期待する場合）

051 □□□ カイファ

كَيْفَ

疑 どのように

052 □□□ カム

كَمْ

疑 いくつ
- بِكَمْ؟「いくら？（値段を聞く）」
- 名詞が後続する際は非限定 単|対。
  كَمْ لَيْلَةً؟「何泊？」

053 □□□ アイイ

أَيٌّ

疑 どの
- 女 أَيَّةٌ（ただし أَيٌّ も使える）

054 □□□ リマーザー

لِمَاذَا

疑 なぜ

055 □□□ シャイッ

شَيْءٌ

名|男 何か，何も
- 複 أَشْيَاءُ

056 □□□ アハド

أَحَدٌ

名|男 誰か，誰も
- 女 إِحْدَى

08

マター・ヤルジウ・ハサン・イラ・ル=バイト

**مَتَى يَرْجِعُ حَسَنٌ إِلَى ٱلْبَيْتِ؟**

ハサンはいつ帰宅しますか。

▶ يَرْجِعُ「帰る」3|男|単|未完|直説 < رَجَعَ 393。 إِلَى 066「~に，~へ」。 بَيْتٌ 106「家」

カイファ・アスィル・イラー・マハッタティ・ラムスィース

**كَيْفَ أَصِلُ إِلَى مَحَطَّةِ رَمْسِيسَ؟**

ラムセス駅にはどのようにして行ったら良いですか。

▶ أَصِلُ「到着する」1|単|未完|直説 < وَصَلَ 269。 إِلَى 066「~に，~へ」。 مَحَطَّةٌ 244「駅」

カム・アダドゥ・アイヤーミ・ッ=サナ・ル=ヒジュリイヤ

**كَمْ عَدَدُ أَيَّامِ ٱلسَّنَةِ ٱلْهِجْرِيَّةِ؟**

ヒジュラ暦の 1 年の日数はいくつですか。

▶ عَدَدٌ「数」(㊜ رَقْمٌ 121)。 أَيَّامٌ「日」複 < يَوْمٌ 190。 سَنَةٌ「年」(同 عَامٌ 193)。
هِجْرِيَّةٌ「ヒジュラの」女

アイユ=フマー・アトワル，ナハル・ン=ニール・アム・ナハル・ル=アマズーン

**أَيُّهُمَا أَطْوَلُ، نَهْرُ ٱلنِّيلِ أَمْ نَهْرُ ٱلْأَمَازُونِ؟**

ナイル川とアマゾン川のどちらがより長いですか。

▶ هُمَا「それら2つ」(㊜ هُوَ 007)。 أَطْوَلُ「より長い（比較級）」< طَوِيلٌ 160「長い」。 نَهْرٌ 443「川」。
اَلنِّيلُ「ナイル」。 أَمْ「あるいは」(同 أَوْ 198)

リマーザー・ヤスーム・ル=ムスリムーナ・フィー・シャハラ・ラマダーン

**لِمَاذَا يَصُومُ ٱلْمُسْلِمُونَ شَهْرَ رَمَضَانَ؟**

イスラーム教徒たちは，なぜラマダーン月に断食するのですか。

▶ يَصُومُ「断食する」3|男|単|未完|直説 < صَامَ 350。 مُسْلِمُونَ「イスラーム教徒」複 < مُسْلِمٌ 344。
شَهْرٌ 192「月 (month)」。 رَمَضَانُ 188「ラマダーン」

ラー・ヤアクルーナ・シャイアン・カブラ・ル=マグリブ

**لَا يَأْكُلُونَ شَيْئًا قَبْلَ ٱلْمَغْرِبِ.**

彼らは日没時刻の前には何も食べない。

▶ لَا「~しない（否定辞）」。 يَأْكُلُونَ「食べる」3|男|複|未完|直説 < أَكَلَ 297。 قَبْلَ 071「の前に（時間）」。
مَغْرِبٌ 215「日没時刻」

ハル・フナーカ・アハド・ユサーイドゥ=カ

**هَلْ هُنَاكَ أَحَدٌ يُسَاعِدُكَ؟**

誰かあなた〔男〕を助けてくれる人はいますか。

▶ هُنَاكَ 063「そこ；there is...」。 يُسَاعِدُ「助ける」3|男|単|未完|直説 < سَاعَدَ 389

| 1回目 | 年　月　日 | 2回目 | 年　月　日 | 3回目 | 年　月　日 | 達成率 |
| --- | --- | --- | --- | --- | --- | --- |
| | ／7 | | ／7 | | ／7 | 10 % |

057 □□□
シャハス
شَخْصٌ
名|男 人，個人
▪ 複 أَشْخَاصٌ

058 □□□
クッル
كُلٌّ
名|男 すべての；各～，毎～
▪ 非限定 単|属 を伴って「毎～」，限定 属 を伴って「～のすべて」

059 □□□
バアド
بَعْضٌ
名|男 いくつかの，何人かの
▪ نِصْفٌ「半分」

060 □□□
ナフス
نَفْسٌ
名|女 同じ～；～自身
▪ 複 أَنْفُسٌ
▪「心，魂」の意味では 複 نُفُوسٌ

061 □□□
アーハル
آخَرُ
形|男 もうひとつ（一人…等）の
▪ 女 أُخْرَى
▪ آخِرٌ「最後」

062 □□□
フナー
هُنَا
副 ここに

063 □□□
フナーカ
هُنَاكَ
副 そこに，あそこに
▪ 英語の there is/are... のように「～がある」の表現にも使われる。

アッ=サマーッ・ラー・タハルク・シャハサン・ファウカ・シャハス・ワ=ラー・シャハサン・アスファラ・シャハス

**اَلسَّمَاءُ لَا تَخْلُقُ شَخْصًا فَوْقَ شَخْصٍ وَلاَ شَخْصًا أَسْفَلَ شَخْصٍ.**

天は人の上に人を造らず，人の下に人を造らず。

▶سَمَاءٌ 450「空」女。لَا「～しない（否定辞）」。تَخْلُقُ「創造する」3|女|単|未完|直説 <خَلَقَ。فَوْقَ「の上に」（類 عَلَى 067）。أَسْفَلَ「より下の（比較級）」

ヤドルス・クッル・ッ=トゥッラーブ・フィ・ル=マクタバ・クッラ・ヤウム

**يَدْرُسُ كُلُّ ٱلطُّلَّابِ فِي ٱلْمَكْتَبَةِ كُلَّ يَوْمٍ.**

すべての学生が，毎日，図書館で勉強します。

▶يَدْرُسُ「勉強する」3|男|単|未完|直説 <دَرَسَ 382。طُلَّابٌ「学生」複 <طَالِبٌ 085。فِي 064「の中で」。مَكْتَبَةٌ 435「図書館」。يَوْمٌ 190「日」

バアドゥ・ル=ムスリミーナ・ヤシュラブーナ・ル=ハムル

**بَعْضُ ٱلْمُسْلِمِينَ يَشْرَبُونَ ٱلْخَمْرَ.**

いくらかのイスラーム教徒はお酒を飲みます。

▶مُسْلِمِينَ「イスラーム教徒」複|属 <مُسْلِمٌ 344。يَشْرَبُونَ「飲む」3|男|複|未完|直説 <شَرِبَ 298。خَمْرٌ「酒」（象 نَبِيذٌ 283）

ダラスー・ビ=アンフスィ=ヒム・ワ=クッル=フム・ダハルー・ナフサ・ル=ジャーミア

**دَرَسُوا بِأَنْفُسِهِمْ وَكُلُّهُمْ دَخَلُوا نَفْسَ ٱلْجَامِعَةِ.**

彼らは自力で勉強した。そして同じ大学に入った。

▶دَرَسُوا「勉強する」3|男|複|完 <دَرَسَ 382。بِـ… 076「…で」。وَ 197「そして」。دَخَلُوا「入る」3|男|複|完 <دَخَلَ 440。جَامِعَةٌ 128「大学」

アフワン　クル・リー・マッラ・ウフラー，ラウ・サマハタ

**عَفْوًا؟ قُلْ لِي مَرَّةً أُخْرَى، لَوْ سَمَحْتَ.**

何ですって？ もう一度おっしゃってください。

▶عَفْوًا؟ 聞き返しの表現。قُلْ「言え」男|単|命令 <قَالَ 105。لِ 080「のために」。مَرَّةً「回」対（副詞的な用法）。لَوْ سَمَحْتَ「すみませんが」（直訳：もしあなた〔男〕が許すなら／お願いする際の表現）

マー・ヒヤ・アクラブ・マハッタ・ミン・フナー

**مَا هِيَ أَقْرَبُ مَحَطَّةٍ مِنْ هُنَا؟**

ここからいちばん近い駅はどこですか。

▶أَقْرَبُ「より近い（比較級）」<قَرِيبٌ 260「近い」。مَحَطَّةٌ 244「駅」。مِنْ 065「～から」

フナーカ・アハターッ・フィ・ル=アムスィラ

**هُنَاكَ أَخْطَاءٌ فِي ٱلْأَمْثِلَةِ.**

例文に誤りがあります。

▶أَخْطَاءٌ「誤り」複 <خَطَأٌ 単。فِي 064「の中で」。أَمْثِلَةٌ「例」複 <مَثَلٌ 単

| 1回目 | 年　月　日 ／7 | 2回目 | 年　月　日 ／7 | 3回目 | 年　月　日 ／7 | 達成率 12 % |
|---|---|---|---|---|---|---|

064 □□□

フィー

فِي

[前] ～の中に

▪ [類] دَاخِلَ

065 □□□

ミン

مِنْ

[前] ～から

▪ 英語の one of ... の of のように要素や部分を表す用法もある。

066 □□□

イラー

إِلَى

[前] ～に，～へ

067 □□□

アラー

عَلَى

[前] ～の上に

▪ [類] فَوْقَ

068 □□□

タハタ

تَحْتَ

[前] ～の下に

069 □□□

アマーマ

أَمَامَ

[前] ～の前に（場所）

070 □□□

ワラーア

وَرَاءَ

[前] ～の後ろに

▪ [類] خَلْفَ

10

ウトルブ・ル=イルム，ワ=ラウ・フィ・ッ=スィーン

**اُطْلُبُوا ٱلْعِلْمَ وَلَوْ فِي ٱلصِّينِ.**

知識を求めよ，たとえそれが中国にあろうとも。

▶اُطْلُبُوا「求めよ」男|複|命令 <طَلَبَ 270。عِلْمٌ「知識，学問」。
وَلَوْ「たとえ〜でも」<وَ 197「そして」+لَوْ「もし」。اَلصِّينُ「中国」

---

ミナ・ル=マハド・イラ・ッ=ラハド

**مِنَ ٱلْمَهْدِ إِلَى ٱللَّحْدِ**

揺り籠から墓場まで

▶مَهْدٌ「揺り籠」。إِلَى 066「〜へ，〜に」。لَحْدٌ「墓」

---

イラ・ッ=リカーッ

**إِلَى ٱللِّقَاءِ.**

さようなら。（再会まで）

▶لِقَاءٌ「会うこと」

---

アラー・マハリ=カ

**عَلَى مَهْلِكَ.**

慌てなくて良いですよ。（あなたの悠長さの上に）

▶مَهْلٌ「悠長さ」

---

タハタ・アムリ=カ

**تَحْتَ أَمْرِكَ.**

かしこまりました。（あなたの命令の下に）

▶أَمْرٌ「命令」

---

ラー・ユージャド・タリーク・アマーミー

**لَا يُوجَدُ طَرِيقٌ أَمَامِي.**

僕の前に道はない。

▶لَا「〜しない（否定辞）」。يُوجَدُ「ある，いる」受|3|男|単|未完 <وَجَدَ 371「見つける」。
طَرِيقٌ 424「道」

---

ユマッハド・ワラーイー・タリーク

**يُمَهَّدُ وَرَائِي طَرِيقٌ.**

僕の後ろに道はできる。

▶يُمَهَّدُ 受|3|男|単|未完 <مَهَّدَ「（道を）舗装する，整える」。طَرِيقٌ 424「道」

| 1回目 年 月 日 ／7 | 2回目 年 月 日 ／7 | 3回目 年 月 日 ／7 | 達成率 13 % |
|---|---|---|---|

071 □□□ カブラ
قَبْلَ
前 ～の前に（時間）

072 □□□ バアダ
بَعْدَ
前 ～のあとで

073 □□□ アン
عَنْ
前 ～について；～から

074 □□□ カ
كَـ ...
前 ～のように
- 類 مِثْلَ
- كَـ ... に人称代名詞をつけることはできない。

075 □□□ バイナ
بَيْنَ
前 ～の間に（between）

076 □□□ ビ
بِـ ...
前 ～によって；
～において；
～とともに

077 □□□ ヒラーラ
خِلَالَ
前 ～の間（during）
- 同 أَثْنَاءَ

ナクール・ビスミ・ッラー・カブラ・ル=アクル

**نَقُولُ "بِسْمِ ٱللّٰهِ" قَبْلَ ٱلْأَكْلِ.**

私たちは，食事の前に「ビスミッラー」と言います。

▶نَقُولُ「言う」1|複|未完|直説 < قَالَ 105。بِسْمِ ٱللّٰهِ「アッラーの御名において」(参 اِسْمٌ 032)。
أَكْلٌ「食事」(参 أَكَلَ 297)

ナクール・アル=ハムド・リ=ッラー・バアダ・ル=アクル

**نَقُولُ "ٱلْحَمْدُ لِلّٰهِ" بَعْدَ ٱلْأَكْلِ.**

私たちは，食事のあとに「アルハムド・リッラー」と言います。

▶نَقُولُ「言う」1|複|未完|直説 < قَالَ 105。ٱلْحَمْدُ لِلّٰهِ「アッラーに讃えあれ」(参 لِ 080)。
أَكْلٌ「食事」(参 أَكَلَ 297)

アン・イズニ=カ

**عَنْ إِذْنِكَ.**

すみませんが。(あなたの許可から)

▶إِذْنٌ「許可」

イスタイカザ・ムバッキラン・カ=アーダティ=ヒ

**اِسْتَيْقَظَ مُبَكِّرًا كَعَادَتِهِ.**

彼は，いつもどおり(彼の習慣のように)，早起きした。

▶اِسْتَيْقَظَ 101「起床する」。مُبَكِّرًا「早く」。عَادَةٌ「習慣」

ハサルナー・アラ・ッ=タアシーラ・アラ・ル=フドゥード・バイナ・ル=バラダイニ

**حَصَلْنَا عَلَى ٱلتَّأْشِيرَةِ عَلَى ٱلْحُدُودِ بَيْنَ ٱلْبَلَدَيْنِ.**

我々は，両国間の国境でビザを取得した。

▶... حَصَلْنَا عَلَى ...「…を得る」1|複|完 < حَصَلَ (参 أَخَذَ 162)。
تَأْشِيرَةٌ「査証」(参 جَوَازُ ٱلسَّفَرِ 262)。حُدُودٌ「国境」複。بَلَدَيْنِ「国」双|属 < بَلَدٌ 単

マー・ビ=カ

**مَا بِكَ؟**

どうしましたか。

ウリード・アン・アクラア・ハーズィヒ・ル=ムスタナダート・ヒラーラ・ル=ウスブーウ

**أُرِيدُ أَنْ أَقْرَأَ هٰذِهِ ٱلْمُسْتَنَدَاتِ خِلَالَ ٱلْأُسْبُوعِ.**

この書類を 1 週間のうちに読みたい。

▶أُرِيدُ「欲する」1|単|未完|直説 < أَرَادَ 491。أَنْ 496「〜すること」。
أَقْرَأَ「読む」1|単|未完|接続 < قَرَأَ 146。مُسْتَنَدَاتٌ「書類」複。أُسْبُوعٌ 191「週」

078 ハウラ
حَوْلَ
前 ～の周りで

079 ムンズ
مُنْذُ
前 ～以来

080 リ
لِـ ...
前 ～のために；
～の所有である

081 インダ
عِنْدَ
前 ～のもとに
- 同 لَدَى

082 マア
مَعَ
前 ～と一緒に
- 反 بِدُونِ「～なしで」

083 カーナ
كَانَ
動 ～である
- 未完 يَكُونُ
- 完|1|単 كُنْتُ

084 ライサ
لَيْسَ
動 ～ではない
- 完了形の活用形で現在時制を表す。
- 1|単 لَسْتُ

ヤドゥール・ル=カマル・ハウラ・ル=クラ・ル=アルディイヤ

**يَدُورُ ٱلْقَمَرُ حَوْلَ ٱلْكُرَةِ ٱلْأَرْضِيَّةِ.**

月は地球の周りを回っている。

▶يَدُورُ「回る」3|男|単|未完|直説 <دَارَ。ٱلْقَمَرُ 452「月 (the moon)」。كُرَةٌ「球」。
أَرْضِيَّةٌ「地の」女 <أَرْضٌ 449「地」。ٱلْكُرَةُ ٱلْأَرْضِيَّةُ 461「地球」

ラム・アシュラブ・ハムラン・ムンズ・クドゥーミー・イラー・カタル

**لَمْ أَشْرَبْ خَمْرًا مُنْذُ قُدُومِي إِلَى قَطَرَ.**

カタールに来て以来，私はお酒を飲んでいない。

▶لَمْ「～しなかった（否定辞）」。أَشْرَبْ「飲む」1|単|未完|要求 <شَرِبَ 298。خَمْرٌ「酒」。
قُدُومٌ「来ること（動名詞）」<قَدِمَ。قَطَرُ 214「カタール」

アル=ハムド・リ=ッラー

**ٱلْحَمْدُ لِلّٰهِ.**

アッラーに讃えあれ。（おかげさまで）

▶حَمْدٌ「讃え，賛美」。لِلّٰهِ <...لِ+اَللّٰهُ。اَللّٰهُ 337「アッラー」

インディー・スアール

**عِنْدِي سُؤَالٌ.**

私はひとつ質問があります。

▶سُؤَالٌ「質問」

マア・ッ=サラーマ

**مَعَ ٱلسَّلَامَةِ.**

さようなら。（安寧とともに）

▶سَلَامَةٌ「安寧，無事」（参 سَلَامٌ 504）

カーナティ・ッ=ルガ・ル=アラビイヤ・ルガ・ラスミイヤ・フィー・イスラーイール・ミン・カブル

**كَانَتِ ٱللُّغَةُ ٱلْعَرَبِيَّةُ لُغَةً رَسْمِيَّةً فِي إِسْرَائِيلَ مِنْ قَبْلُ.**

アラビア語は，以前，イスラエルの公用語でした。

▶لُغَةٌ 358「言語」。عَرَبِيَّةٌ「アラビアの」女 <عَرَبٌ 224「アラブ」。رَسْمِيَّةٌ「公式の」女。
إِسْرَائِيلُ「イスラエル」。مِنْ قَبْلُ「以前」

ライサティ・ル=クドス・アースィマタ・イスラーイール

**لَيْسَتِ ٱلْقُدْسُ عَاصِمَةَ إِسْرَائِيلَ.**

エルサレムはイスラエルの首都ではありません。

▶ٱلْقُدْسُ「エルサレム」。عَاصِمَةٌ「首都」。إِسْرَائِيلُ「イスラエル」

## あいさつ

「ごきげんよう」

アッ＝サラーム・アライ＝クム

**اَلسَّلَامُ عَلَيْكُمْ.**

返事 「ごきげんよう」

ワ＝アライ＝クム・ッ＝サラーム

**وَعَلَيْكُمُ ٱلسَّلَامُ.**

「ようこそ」

アハラン・ワ＝サハラン

**أَهْلًا وَسَهْلًا.**

返事 「こちらこそ」(相手の性別で使い分ける)

男 アハラン・ビ＝カ

**أَهْلًا بِكَ.**

女 アハラン・ビ＝キ

**أَهْلًا بِكِ.**

「おはよう」

サバーフ・ル＝ハイル

**صَبَاحُ ٱلْخَيْرِ.**

返事 「おはよう」

サバーフ・ン＝ヌール

**صَبَاحُ ٱلنُّورِ.**

「こんばんは」

マサーウ・ル＝ハイル

**مَسَاءُ ٱلْخَيْرِ.**

返事 「こんばんは」

マサーウ＝ン・ヌール

**مَسَاءُ ٱلنُّورِ.**

「さようなら」

マア・ッ＝サラーマ

**مَعَ ٱلسَّلَامَةِ.**

返事 「さようなら」(相手の性別で使い分ける)

男 アッラーフ・ユサッリム＝カ

**اَللّٰهُ يُسَلِّمُكَ.**

女 アッラーフ・ユサッリム＝キ

**اَللّٰهُ يُسَلِّمُكِ.**

「おやすみなさい」(相手の性別で使い分ける)

男 トゥスビフ・アラー・ハイル

**تُصْبِحُ عَلَى خَيْرٍ.**

女 トゥスビヒーナ・アラー・ハイル

**تُصْبِحِينَ عَلَى خَيْرٍ.**

返事 「おやすみなさい」(相手の性別で使い分ける)

男 ワ＝アンタ・ミン・アハリ＝ヒ

**وَأَنْتَ مِنْ أَهْلِهِ.**

女 ワ＝アンティ・ミン・アハリ＝ヒ

**وَأَنْتِ مِنْ أَهْلِهِ.**

「ありがとう」

シュクラン

**شُكْرًا.**

「どうもありがとう」

シュクラン・ジャズィーラン

**شُكْرًا جَزِيلًا.**

「どういたしまして」

アフワン

**عَفْوًا.**

「お礼を言われるほどのことではありません」

ラー・シュクラ・アラー・ワージブ

**لَا شُكْرَ عَلَى وَاجِبٍ.**

## 人称代名詞の分離形（主格）と非分離形（属格・対格）

| | 単数形 | | 双数形 | | 複数形 | |
|---|---|---|---|---|---|---|
| 彼／それ | フ<br>ـهُ | フワ<br>هُوَ | フマー<br>ـهُمَا | フマー<br>هُمَا | フム<br>ـهُمْ | フム<br>هُمْ |
| 彼女／それ | ハー<br>ـهَا | ヒヤ<br>هِيَ | | | フンナ<br>ـهُنَّ | フンナ<br>هُنَّ |
| あなた[男] | カ<br>ـكَ | アンタ<br>أَنْتَ | クマー<br>ـكُمَا | アントゥマー<br>أَنْتُمَا | クム<br>ـكُمْ | アントゥム<br>أَنْتُمْ |
| あなた[女] | キ<br>ـكِ | アンティ<br>أَنْتِ | | | クンナ<br>ـكُنَّ | アントゥンナ<br>أَنْتُنَّ |
| 私 | イー／ニー<br>ـي／ـنِي | アナー<br>أَنَا | ナー<br>ـنَا | | ナハヌ<br>نَحْنُ | |

＊アラビア語には数の範疇が3つあります。単数形＝1，双数形＝2，複数形＝3以上 です。
＊「～は」を表す分離形（各枠内の右側）は，独立した一語として書きます。他方，「～の」「～を」を表す非分離形（各枠内の左側）は，直前の語に繋げてあるいは寄せて書きます。
＊「私」の非分離形は，「私の」を表す場合（属格形）は ـي で，「私を」を表す場合（対格形）は ـنِي となります。

人称代名詞は，右のように，語尾の揃っているところがあるので，覚えやすいでしょう。

| | 単数形 | 双数形 | 複数形 |
|---|---|---|---|
| 彼／それ | | -umā | -um |
| 彼女／それ | | | -unna |
| あなた[男] | -a | -umā | -um |
| あなた[女] | -i | | -unna |

## 発音と読み方1

アラビア語の هِ と هُ は，それぞれ「ヒ」「フ」とカタカナ書きしていますが，「ヘ」「ホ」と発音した方が，実際の発音により近いです。

هُنَا「ここ」　フナー → ホナー
هُمْ「かれら」　フム → ホム
هِيَ「彼女」　ヒヤ → ヘヤ

特に，日本語の「フ」は，唇の部分で息を摩擦させる音なので，日本語の「フ」を発音すると，アラブ人には فُ に聞こえてしまいます。

085 ターリブ

# طَالِبٌ

名|男 学生［男］

- 複 طَلَبَةٌ , طُلَّابٌ
- تِلْمِيذٌ 男「生徒，児童［男］」
- 女 طَالِبَةٌ「女子学生」

086 ムワッザフ

# مُوَظَّفٌ

名|男 職員，社員［男］

- 複 مُوَظَّفُونَ
- 女 مُوَظَّفَةٌ「女性職員，女性社員」

087 ムダッリス

# مُدَرِّسٌ

名|男 教師［男］

- 複 مُدَرِّسُونَ 類 مُعَلِّمٌ
- 女 مُدَرِّسَةٌ「女性教師」

088 タビーブ

# طَبِيبٌ

名|男 医師［男］

- 複 أَطِبَّاءُ
- مُمَرِّضٌ 男「看護師［男］」
- 女 طَبِيبَةٌ「女性医師」

089 ムハンディス

# مُهَنْدِسٌ

名|男 技師，エンジニア［男］

- 複 مُهَنْدِسُونَ
- 女 مُهَنْدِسَةٌ「女性技師」

090 ムタルジム

# مُتَرْجِمٌ

名|男 翻訳家，通訳［男］

- 複 مُتَرْجِمُونَ
- 女 مُتَرْجِمَةٌ「女性翻訳者，女性通訳」

091 ラッバトゥ・バイト

# رَبَّةُ بَيْتٍ

名|女 主婦

- رَبَّةٌ 女「女主人」

ヤドルス・アクサル・ミン・ミアタイ・アルフ・ターリブ・フィー・ジャーミアティ・ル=カーヒラ

**يَدْرُسُ أَكْثَرُ مِنْ مِئَتَيْ أَلْفِ طَالِبٍ فِي جَامِعَةِ ٱلْقَاهِرَةِ.**

カイロ大学では，20万人以上の学生が学んでいる。

▶يَدْرُسُ「勉強する」3|男|単|未完|直説 <دَرَسَ 382。أَكْثَرُ「より多い（比較級）」<كَثِيرٌ 154「多い」。
مِنْ 065「～より」。مِئَتَيْ أَلْفٍ「20万（200×1,000）」属。جَامِعَةٌ 128「大学」。اَلْقَاهِرَةُ「カイロ」

---

タブルグ・ニスバトゥ・ル=ムワッザファート・アルバイーナ・フィ・ル=ミア・フィー・シャリカティ=ナー

**تَبْلُغُ نِسْبَةُ ٱلْمُوَظَّفَاتِ ٪٤٠ (أَرْبَعِينَ فِي ٱلْمِئَةِ) فِي شَرِكَتِنَا.**

当社では，女性社員の比率は40%に達している。

▶تَبْلُغُ「達する」3|女|単|未完|直説 <بَلَغَ。نِسْبَةٌ「率」。أَرْبَعِينَ「40」属。مِئَةٌ「200」。
شَرِكَةٌ 135「会社」

---

ユダッリス・ル=ムダッリスーナ・オンライン・ビ=サバビ・マラディ・ル=コロナ

**يُدَرِّسُ ٱلْمُدَرِّسُونَ أُونْلَايْنْ بِسَبَبِ مَرَضِ ٱلْكُورُونَا.**

教師たちは，コロナの病いのため，オンラインで教えている。

▶يُدَرِّسُ「教える」3|男|単|未完|直説 <دَرَّسَ II。أُونْلَايْنْ「オンライン」。سَبَبٌ「理由，原因」。
مَرَضٌ「病気」（参 مَرِيضٌ 408）。اَلْكُورُونَا「コロナ」

---

カド・トゥッイマ・ビ=ッ=リカーヒ・ル=アティッバーッ・ワ=ル=ムマッリドゥーナ・アウワラン

**قَدْ طُعِّمَ بِٱللِّقَاحِ ٱلْأَطِبَّاءُ وَٱلْمُمَرِّضُونَ أَوَّلًا.**

まず，医師と看護師がワクチンを接種された。

▶قَدْ「既に」。طُعِّمَ「接種される」3|男|単|完|受 <طَعَّمَ II。لِقَاحٌ「ワクチン」。وَ 197「～と～」。
مُمَرِّضُونَ「看護師」複|主 <مُمَرِّضٌ 単。أَوَّلًا「第一に」<أَوَّلٌ「第1」

---

カド・タハッラジャ・ル=ムハンディス・フィー・クッリイヤティ・ル=ハンダサ・ビ=ジャーミアティ・ル=イスカンダリイヤ

**قَدْ تَخَرَّجَ ٱلْمُهَنْدِسُ فِي كُلِّيَّةِ ٱلْهَنْدَسَةِ بِجَامِعَةِ ٱلْإِسْكَنْدَرِيَّةِ.**

そのエンジニアは，アレキサンドリア大学の工学部卒です。

▶قَدْ「既に」。تَخَرَّجَ 385「卒業する」3|男|単|完。كُلِّيَّةٌ「学部」。هَنْدَسَةٌ「工学」。
جَامِعَةٌ 128「大学」。اَلْإِسْكَنْدَرِيَّةُ「アレキサンドリア」

---

ヒヤ・ムタルジマ・ファウリイヤ・ビ=ッ=ルガタイニ・ル=ヤーバーニイヤ・ワ=ル=インジリーズィイヤ

**هِيَ مُتَرْجِمَةٌ فَوْرِيَّةٌ بِٱللُّغَتَيْنِ ٱلْيَابَانِيَّةِ وَٱلْإِنْجِلِيزِيَّةِ.**

彼女は日本語と英語の同時通訳者です。

▶فَوْرِيَّةٌ「即座の」女。لُغَتَيْنِ「言語」双|属 <لُغَةٌ 358 単。
يَابَانِيَّةٌ「日本の」女 <اَلْيَابَانُ 211「日本」。إِنْجِلِيزِيَّةٌ「英国の」女

---

ナアタキド・アンナ・ラッバタ・ル=バイト・ワズィーファ・ムフタラマ

**نَعْتَقِدُ أَنَّ رَبَّةَ ٱلْبَيْتِ وَظِيفَةٌ مُحْتَرَمَةٌ.**

私たちは，主婦は立派な職業だと思う。

▶نَعْتَقِدُ「思う」1|複|未完|直説 <اِعْتَقَدَ VIII。أَنَّ 201「～ということ」。
وَظِيفَةٌ「職業」（参 شُغْلٌ 138）。مُحْتَرَمَةٌ「尊敬される」女（受動分詞 VIII）

| 1回目 | 年 月 日 | 2回目 | 年 月 日 | 3回目 | 年 月 日 | 達成率 |
| --- | --- | --- | --- | --- | --- | --- |
| | ／7 | | ／7 | | ／7 | 18 % |

092 □□□ カビール
كَبِيرٌ
形 大きい
▪ 複 كِبَارٌ

093 □□□ サギール
صَغِيرٌ
形 小さい
▪ 複 صِغَارٌ

094 □□□ ザキー
ذَكِيٌّ
形 頭の良い
▪ 複 أَذْكِيَاءُ　反 غَبِيٌّ「愚かな」綴りの類似した語に غَنِيٌّ「お金持ちの」。反 فَقِيرٌ「貧乏な」

095 □□□ アズィーム
عَظِيمٌ
形 偉大な
▪ 複 عُظَمَاءُ

096 □□□ タイイブ
طَيِّبٌ
形 良い
▪ 複 طَيِّبُونَ
▪ 類 جَيِّدٌ「良い，優良な」

097 □□□ カリーム
كَرِيمٌ
形 高貴な，気前の良い
▪ 複 كُرَمَاءُ

098 □□□ ジャミール
جَمِيلٌ
形 美しい，良い
▪ 複 جَمِيلُونَ
▪ نَظِيفٌ「きれいな，清潔な」

アジュラストゥ・ラジュラン・カビーラ・ッ=スィン・アラ・ル=マクアド

**أَجْلَسْتُ رَجُلًا كَبِيرَ ٱلسِّنِّ عَلَى ٱلْمَقْعَدِ.**

私は高齢の男性をシートに座らせた。

▶أَجْلَسْتُ「座らせる」1|単|完 <أَجْلَسَ Ⅳ。سِنٌّ「年齢」(参 حَيَاةٌ 391)。كَبِيرُ ٱلسِّنِّ「高齢の」。
مَقْعَدٌ「座席」

ハーズィヒ・ハディイヤ・サギーラ

**هٰذِهِ هَدِيَّةٌ صَغِيرَةٌ.**

つまらないものですが。(これは小さな贈り物です)

▶هَدِيَّةٌ「贈り物」

ラー・タアリフ　カム・ハーザ・ル=ワラド・ザキー

**لَا تَعْرِفُ. كَمْ هٰذَا ٱلْوَلَدُ ذَكِيٌّ!**

あなたは，この少年がどれほど頭が良いか知らないのです。

▶لَا「〜しない(否定辞)」。كَمْ「どれほど！」(参疑 052)。
تَعْرِفُ「知る」2|男|単|未完|直説 <عَرَفَ 383

アル=アズィーム・フワ・スム・ミン・アスマーイ・ッラーヒ・ル=フスナー

**ٱلْعَظِيمُ هُوَ ٱسْمٌ مِنْ أَسْمَاءِ ٱللّٰهِ ٱلْحُسْنَى.**

偉大なる御方とは，アッラーの美名のひとつである。

▶اَللّٰهُ 337「アッラー」。حُسْنَى「最も美しい(最上級)」女 <حَسَنٌ「良い，美しい」

クッル・アーム・ワ=アントゥム・タイイブーナ　--- ワ=アンタ・タイイブ

**كُلُّ عَامٍ وَأَنْتُمْ طَيِّبُونَ. --- وَأَنْتَ طَيِّبٌ.**

毎年そしてあなたたちが良くありますように。—そしてあなたも良くありますように。

▶毎年のお祝い事への「おめでとう」。単発のお祝いには مَبْرُوكٌ を用いる。
عَامٌ 193「年(year)」。وَ 197「そして」

ラマダーン・カリーム　--- アッラーフ・アクラム

**رَمَضَانُ كَرِيمٌ. --- اَللّٰهُ أَكْرَمُ.**

ラマダーンは寛大なり。—アッラーこそ寛大なり。(ラマダーン月の挨拶)

▶رَمَضَانُ 188「ラマダーン，断食月」。اَللّٰهُ 337「アッラー」。
أَكْرَمُ「最も寛大な(比較級の形だが最上級の意味)」<كَرِيمٌ

アル=ジャウウ・ガーイム・ワ=ジャミールニ・ル=ヤウム

**اَلْجَوُّ غَائِمٌ وَجَمِيلٌ ٱلْيَوْمَ.**

今日は曇っていて良いお天気です。

▶جَوٌّ 454「空気，天気」。غَائِمٌ「曇りの」。وَ 197「そして」。اَلْيَوْمَ 208「今日」

| 1回目 | 年　月　日 ／7 | 2回目 | 年　月　日 ／7 | 3回目 | 年　月　日 ／7 | 達成率 19 % |
|---|---|---|---|---|---|---|

099 □□□ ファアラ

فَعَلَ

[動] する

- [未完] يَفْعَلُ

100 □□□ アスバハ

أَصْبَحَ

[動|派|IV] なる

- [未完] يُصْبِحُ

101 □□□ イスタイカザ

اِسْتَيْقَظَ

[動|派|X] 起床する

- [未完] يَسْتَيْقِظُ

102 □□□ ナーマ

نَامَ

[動] 寝る

- [未完] يَنَامُ
- [完|1|単] نِمْتُ
- نَوْمٌ「眠り」

103 □□□ ラアー

رَأَى

[動] 見る；会う

- [未完] يَرَى [完|1|単] رَأَيْتُ [命令|男|単] رَ (稀)
- [類] نَظَرَ إِلَى「～を見る」 [未完] يَنْظُرُ
- [類III] قَابَلَ「会う」

104 □□□ サミア

سَمِعَ

[動] 聞く

- [未完] يَسْمَعُ
- [類VIII] اِسْتَمَعَ إِلَى「～を聴く」

105 □□□ カーラ

قَالَ

[動] 言う

- [未完] يَقُولُ
- [完|1|単] قُلْتُ

カマー・トゥリードゥーナ・アン・ヤフアラ・ンニナース・ビ＝クム・フアルー・アントゥム・アイダン・ビ＝ヒム・ハーカザー

**كَمَا تُرِيدُونَ أَنْ يَفْعَلَ ٱلنَّاسُ بِكُمْ ٱفْعَلُوا أَنْتُمْ أَيْضًا بِهِمْ هٰكَذَا.**

人々に自分たちに対してしてほしいことと同じく，あなたたちも，人々にそのようにしてあげなさい。

▶كَمَا「〜のように」。 تُرِيدُونَ「欲する」[2|男|複|未完|直説] < أَرَادَ 491。 أَنْ 496「〜すること」。
نَاسٌ「人々」[複] < إِنْسَانٌ 379。 أَيْضًا 204「〜もまた」。 هٰكَذَا「このように」

アル＝フルム・ユスビフ・ハキーカ

**اَلْحُلْمُ يُصْبِحُ حَقِيقَةً.**

夢は現実になる。

▶حُلْمٌ「夢」。 حَقِيقَةٌ「現実」

ラー・アスタティーウ・アン・アスタイキズ・ビドゥーン・サーア・ムナッビハ

**لَا أَسْتَطِيعُ أَنْ أَسْتَيْقِظَ بِدُونِ سَاعَةٍ مُنَبِّهَةٍ.**

私は目覚まし時計なしでは起きられない。

▶لَا「〜しない（否定辞）」。 أَسْتَطِيعُ「〜できる」[1|単|未完|直説] < اِسْتَطَاعَ 494。 أَنْ 496「〜すること」。
بِدُونِ「〜なしで」。 سَاعَةٌ 194「時計」。 مُنَبِّهَةٌ「目覚ましの」[女]

ナーミー・ムバッキラン・ワ＝アンティ・インダ＝キ・バルド

**نَامِي مُبَكِّرًا وَأَنْتِ عِنْدَكِ بَرْدٌ.**

風邪を引いているのだから，早く寝なさい。

▶مُبَكِّرًا「早く」。 وَ 197 そのときの状態を表す。 بَرْدٌ 411「風邪」

アタマンナー・アン・アラー＝カ・フィ・ル＝ムスタクバリ・ル＝カリーブ

**أَتَمَنَّى أَنْ أَرَاكَ فِي ٱلْمُسْتَقْبَلِ ٱلْقَرِيبِ.**

近いうちにお目にかかりたいです。

▶أَتَمَنَّى「願う」[1|単|未完|直説] < تَمَنَّى 493。 أَنْ 496「〜すること」。 أَرَا < أَرَى 。
مُسْتَقْبَلٌ「未来，将来」。 قَرِيبٌ 260「近い」

サミウトゥ・アンナ＝カ・ムタハッディス・スナーイーユ・ッ＝ルガ

**سَمِعْتُ أَنَّكَ مُتَحَدِّثٌ ثُنَائِيُّ ٱللُّغَةِ.**

あなたはバイリンガルなのだそうですね。

▶أَنَّ 201「〜ということ（that）」。 مُتَحَدِّثٌ「話者」< تَحَدَّثَ「話す」[V]（[参] تَكَلَّمَ 365）。
ثُنَائِيٌّ「二重の」。 لُغَةٌ 358「言語」。 ثُنَائِيُّ ٱللُّغَةِ「二言語の」

カイファ・タクール・ハーザー・ビ＝ッ＝ルガ・ル＝インキリーズィイヤ

**كَيْفَ تَقُولُ هٰذَا بِٱللُّغَةِ ٱلْإِنْكِلِيزِيَّةِ؟**

これを英語で何と言いますか。

▶لُغَةٌ 358「言語」。 إِنْكِلِيزِيَّةٌ「英国の」[女]

| 1回目 | 年　月　日 | 2回目 | 年　月　日 | 3回目 | 年　月　日 | 達成率 |
|---|---|---|---|---|---|---|
| | ／7 | | ／7 | | ／7 | 21 % |

106 □□□ バイト

بَيْتٌ

名|男 家，うち

▪ 複 بُيُوتٌ
▪ 類女 دَارٌ「家，一軒家；館」

107 □□□ シャッカ

شَقَّةٌ

名|女 アパート，マンション，フラット

▪ 複 شُقَقٌ／شِقَقٌ

108 □□□ バーブ

بَابٌ

名|男 扉；門

▪ 複 أَبْوَابٌ
▪ 類女 بَوَّابَةٌ「門，ゲート」

109 □□□ シュッバーク

شُبَّاكٌ

名|男 窓；窓口

▪ 複 شَبَابِيكُ
▪ 同女 نَافِذَةٌ

110 □□□ ファタハ

فَتَحَ

動 開ける

▪ 未完 يَفْتَحُ

111 □□□ アグラカ

أَغْلَقَ

動|派|IV 閉める

▪ 未完 يُغْلِقُ

112 □□□ ミフターハ

مِفْتَاحٌ

名|男 鍵

▪ 複 مَفَاتِيحُ

アル=バイト・バイトゥ=カ

**اَلْبَيْتُ بَيْتُكَ.**

この家はあなたの家ですよ。（くつろいでください）

---

アスクン・フィー・シャッカ・ザート・イージャール・ラヒース・リカイ・アッダヒラ・ル=マール

**أَسْكُنُ فِي شَقَّةٍ ذَاتِ إِيجَارٍ رَخِيصٍ لِكَيْ أَدَّخِرَ ٱلْمَالَ.**

貯金するために，家賃の安いアパートに住んでいます。

▶ أَسْكُنُ「住む」[1|単|未完|直説] < سَكَنَ 122。ذَاتٌ「持ち主」[女]。إِيجَارٌ「賃貸」。رَخِيصٌ「安い」。
لِكَيْ 203「～するために」。أَدَّخِرَ「蓄える」[1|単|未完|接続] < اِدَّخَرَ [VIII]。مَالٌ「お金」（[紊] نُقُودٌ 437）

バーブ・ン=ナッジャール・マフルーウ

**بَابُ ٱلنَّجَّارِ مَخْلُوعٌ.**

大工の扉が壊れている。（紺屋の白袴）

▶ نَجَّارٌ「大工」。مَخْلُوعٌ「打ち捨てられた」

---

ウリード・アン・アシュタリヤ・タズキラ・ムスバカン・ミン・シュッバーキ・ッ=タザーキル

**أُرِيدُ أَنْ أَشْتَرِيَ تَذْكِرَةً مُسْبَقًا مِنْ شُبَّاكِ ٱلتَّذَاكِرِ.**

チケット売り場で前もって券を買いたいです。

▶ أُرِيدُ「欲する」[1|単|未完|直説] < أَرَادَ 491。أَنْ 496「～すること」。
أَشْتَرِيَ「買う」[1|単|未完|接続] < اِشْتَرَى 271。تَذْكِرَةٌ 266「切符」> تَذَاكِرُ [複]

イフタハ・ヤー・スィムスィム

**اِفْتَحْ يَا سِمْسِمُ!**

開けろ，ゴマよ！（「開け，ゴマ！」のこと）

▶ سِمْسِمٌ「ゴマ」

---

ウグリカ・ル=マタール・ビ=サバビ・ッ=サルジ・ル=カスィーフ

**أُغْلِقَ ٱلْمَطَارُ بِسَبَبِ ٱلثَّلْجِ ٱلْكَثِيفِ.**

空港は大雪のために封鎖された。

▶ أُغْلِقَ「閉められた」[3|男|単|完|受]。مَطَارٌ 245「空港」。سَبَبٌ「理由，原因」。ثَلْجٌ 457「雪」。
كَثِيفٌ「厚い，密の」

---

アグリキ・ル=バーブ・ビ=ル=ミフターハ

**أَغْلِقِ ٱلْبَابَ بِٱلْمِفْتَاحِ.**

扉に鍵を掛けなさい。

▶ أَغْلِقْ「閉めろ」[2|男|単|命令] < أَغْلَقَ 111

| 1回目 | 年 月 日 | 2回目 | 年 月 日 | 3回目 | 年 月 日 | 達成率 |
|---|---|---|---|---|---|---|
| | ／7 | | ／7 | | ／7 | 22 % |

113 □□□ グルファ
غُرْفَةٌ
名|女 部屋
- 複 غُرَفٌ , غُرْفَاتٌ
- 同女 حُجْرَةٌ

114 □□□ ハンマーム
حَمَّامٌ
名|男 バスルーム（トイレの意味もあり）
- 複 حَمَّامَاتٌ
- シャッダ記号なしの حَمَامٌ は「鳩」なので注意。

115 □□□ マトバハ
مَطْبَخٌ
名|男 台所
- 複 مَطَابِخُ

116 □□□ ハーイト
حَائِطٌ
名|男 壁
- 複 حِيطَانٌ
- 同男 جِدَارٌ

117 □□□ イマーラ
عِمَارَةٌ
名|女 建物（主に住居用）
- 複 عِمَارَاتٌ
- 類男 مَبْنًى「（一般的に）建物，ビル」
- بُرْجٌ 男「タワー，塔」

118 □□□ ダウル
دَوْرٌ
名|男 階
- 複 أَدْوَارٌ
- 同男 طَابِقٌ

119 □□□ スッラム
سُلَّمٌ
名|男 階段；はしご
- 複 سَلَالِمُ
- مِصْعَدٌ 男「エレベーター」

トゥージャド・サラース・グラフィ・ナウム・フィー・ハーズィヒ・ッ=シャッカ

**تُوجَدُ ثَلَاثُ غُرَفِ نَوْمٍ فِي هٰذِهِ ٱلشَّقَّةِ.**

このフラットには３つのベッドルームがある。

▶تُوجَدُ「ある，いる」3|女|単|未完|受 < وَجَدَ 371「見つける」。ثَلَاثُ「3（女に用いる）」。
نَوْمٌ「眠り」< نَامَ 102「眠る」

---

ラー・ブッダ・アン・アズハバ・イラ・ル=ハンマーム・ビ=アクサー・スルア

**لَا بُدَّ أَنْ أَذْهَبَ إِلَى ٱلْحَمَّامِ بِأَقْصَى سُرْعَةٍ.**

大至急，トイレに行かなければなりません。

▶لَا「ない（否定辞）」。بُدٌّ「逃げ道」。أَنْ 496「～すること」。 ... لَا بُدَّ أَنْ「…せねばならない」。
أَذْهَبَ「行く」1|単|未完|接続 < ذَهَبَ 232。أَقْصَى「最も遠い（最上級）」。سُرْعَةٌ「速度」

---

ハル・タズンニーナ・アンナ・ル=マトバハ・カスル・リ=ル=マルア

**هَلْ تَظُنِّينَ أَنَّ ٱلْمَطْبَخَ قَصْرٌ لِلْمَرْأَةِ؟**

あなた［女］は，台所は女の城だと思いますか。

▶تَظُنِّينَ「思う」2|女|単|未完|直説 < ظَنَّ。أَنَّ 201「～ということ（that）」。قَصْرٌ 257「城」。
ٱلْمَرْأَةُ < اِمْرَأَةٌ 038

---

サミウトゥ・サウタ・ル=ジャール・ミナ・ル=ジャーニビ・ル=アーハル・リ=ハーイティ・シャッカティ・ッ=ラヒーサ

**سَمِعْتُ صَوْتَ ٱلْجَارِ مِنَ ٱلْجَانِبِ ٱلْآخَرِ لِحَائِطِ شَقَّتِي ٱلرَّخِيصَةِ.**

我が安アパートの壁の向こう側から隣の人の声が聞こえた。

▶صَوْتٌ「声」。جَارٌ「隣人」。جَانِبٌ「側」。رَخِيصَةٌ「安い」女

---

ラー・ユージャド・ミスアド・フィ・ル=イマーラ・ワ=ヒヤ・ムカウワナ・ミン・サブアティ・アドワール

**لَا يُوجَدُ مِصْعَدٌ فِي ٱلْعِمَارَةِ وَهِيَ مُكَوَّنَةٌ مِنْ سَبْعَةِ أَدْوَارٍ.**

その建物は，７階建てなのに，エレベーターがありません。

▶لَا「（否定辞）」。يُوجَدُ「ある」3|男|単|未完|受 < وَجَدَ 371「見つける」。مِصْعَدٌ「エレベーター」。
وَ 197 状態を表す。مُكَوَّنَةٌ「形成された」（受動分詞 II）女。سَبْعَةٌ「7」。أَدْوَارٌ「階」複 < دَوْرٌ 118

---

ハーザー・フワ・ッ=ダウル・ル=アルディー・ワ=ファウカ=フ・ッ=ダウル・ル=アウワル

**هٰذَا هُوَ ٱلدَّوْرُ ٱلْأَرْضِيُّ وَفَوْقَهُ ٱلدَّوْرُ ٱلْأَوَّلُ.**

これがグランド・フロア（１階）で，その上にファースト・フロア（２階）があります。

▶أَرْضِيٌّ「地の」< أَرْضٌ 449「地」。فَوْقَ「～の上に」（類 عَلَى 067）。أَوَّلٌ「第1」

---

ウリード・アン・アタアッカダ・ミン・マカーン・スッラミ・ッ=タワーリッ

**أُرِيدُ أَنْ أَتَأَكَّدَ مِنْ مَكَانِ سُلَّمِ ٱلطَّوَارِئِ.**

非常階段の位置を確認したいです。

▶أُرِيدُ「欲する」1|単|未完|直説 < أَرَادَ 491。أَنْ 496「～すること」。
أَتَأَكَّدَ「確認する」1|単|未完|接続 < تَأَكَّدَ V。مَكَانٌ 231「場所」。طَوَارِئُ「非常時」複 < طَارِئَةٌ 単

| 1回目 | 年　月　日 ／7 | 2回目 | 年　月　日 ／7 | 3回目 | 年　月　日 ／7 | 達成率 23 % |
| --- | --- | --- | --- | --- | --- | --- |

120 ウンワーン
عُنْوَانٌ
名|男 住所
- 複 عَنَاوِينُ

121 ラクム
رَقْمٌ
名|男 番号
- 複 أَرْقَامٌ
- 同 女 نِمْرَةٌ
- عَدَدٌ 男「数」

122 サカナ
سَكَنَ
動 住む
- 未完 يَسْكُنُ

123 アーシャ
عَاشَ
動 暮らす, 生きる
- 未完 يَعِيشُ
- 完|1|単 عِشْتُ

124 ナッザファ
نَظَّفَ
動|派|II 掃除する；きれいにする
- 未完 يُنَظِّفُ

125 ガサラ
غَسَلَ
動 洗う
- 未完 يَغْسِلُ

126 ナザラ
نَزَلَ
動 下りる
- 未完 يَنْزِلُ
- 反 صَعِدَ「上る」 未完 يَصْعَدُ

マー・フワ・ウンワーヌ=カ

**مَا هُوَ عُنْوَانُكَ؟**

ご住所はどちらですか。

---

カム・ラクム・ハーティフィ=カ

**كَمْ رَقْمُ هَاتِفِكَ؟**

お電話番号は何番ですか。

▶هَاتِفٌ 397「電話」

---

ヤスクン・フィー・マディーナティ・トーキョー・スィットゥ=ミアティ・アルフィ・アジュナビー・タクリーバン

**يَسْكُنُ فِي مَدِينَةِ طُوكِيُو سِتُّمِئَةِ أَلْفِ أَجْنَبِيٍّ تَقْرِيبًا.**

東京都には60万人近くの外国人が住んでいる。

▶مَدِينَةٌ 421「町」。طُوكِيُو「東京」。سِتُّمِئَةٍ「600」。أَلْفٌ「1000」。أَجْنَبِيٌّ 369「外国人」。
تَقْرِيبًا 250「およそ」

---

ハル・ユムキン・アン・ナイーシ・ビ=マアーシ・ッ=タカーウド・バアダ・サラースィーナ・サナ

**هَلْ يُمْكِنُ أَنْ نَعِيشَ بِمَعَاشِ ٱلتَّقَاعُدِ بَعْدَ ثَلَاثِينَ سَنَةً؟**

私たちは30年後，年金で暮らすことができるのでしょうか。

▶يُمْكِنُ「可能である」3|男|単|未完|直説 <أَمْكَنَ Ⅳ（参 اِسْتَطَاعَ 494）。أَنْ 496「～すること」。
مَعَاشٌ「年金」。تَقَاعُدٌ「引退，退職」。ثَلَاثِينَ「30」属。سَنَةٌ「年」（同 عَامٌ 193）

---

ナッズィフィー・アスナーナ=キ・カイ=ラー・タタサウワス

**نَظِّفِي أَسْنَانَكِ كَيْلَا تَتَسَوَّسَ.**

虫歯にならないよう，歯を磨きなさい。

▶أَسْنَانٌ「歯」複 <سِنٌّ 女。كَيْلَا「～しないように」（参 لِكَيْ 203）。
تَتَسَوَّسَ 3|女|単|未完|接続 <تَسَوَّسَ Ⅴ「虫歯になる」

---

ラー・タグスィリ・ル=マラービサ・ル=マスヌーア・ミナ・ッ=スーフ・ビ=ル=ガッサーラ

**لَا تَغْسِلِ ٱلْمَلَابِسَ ٱلْمَصْنُوعَةَ مِنَ ٱلصُّوفِ بِٱلْغَسَّالَةِ.**

ウールの服を洗濯機で洗ってはいけません。

▶لَا「～するな（否定辞）」。مَلَابِسُ「服」（類 ثَوْبٌ 373）。
مَصْنُوعَةٌ「作られた」（受動分詞）女 <صَنَعَ「作る」。صُوفٌ「ウール」。غَسَّالَةٌ「洗濯機」

---

インズィル・ミナ・ル=キタール・フィ・ル=マハッタ・ル=カーディマ

**اِنْزِلْ مِنَ ٱلْقِطَارِ فِي ٱلْمَحَطَّةِ ٱلْقَادِمَةِ.**

次の駅で電車から降りてください。

▶قِطَارٌ 241「電車」。مَحَطَّةٌ 244「駅」。قَادِمَةٌ「次の，来たる」女

| 1回目 | 年 月 日 | 2回目 | 年 月 日 | 3回目 | 年 月 日 | 達成率 |
|---|---|---|---|---|---|---|
| | ／7 | | ／7 | | ／7 | 25 % |

127 □□□ マドラサ
**مَدْرَسَةٌ**

名｜女 学校

- 複 **مَدَارِسُ**
- **اِبْتِدَائِيَّةٌ** 女「初等の」 **إِعْدَادِيَّةٌ** 女「中等の」 **ثَانَوِيَّةٌ** 女「高等の」

128 □□□ ジャーミア
**جَامِعَةٌ**

名｜女 大学

- 複 **جَامِعَاتٌ**
- **كُلِّيَّةٌ** 女「学部」
- **قِسْمٌ** 男「学科」

129 □□□ マアハド
**مَعْهَدٌ**

名｜男 専門学校；研究所

- 複 **مَعَاهِدُ**

130 □□□ ダルス
**دَرْسٌ**

名｜男 授業，レッスン，課

- 複 **دُرُوسٌ**
- **مُحَاضَرَةٌ** 女「講義」

131 □□□ イムティハーン
**اِمْتِحَانٌ**

名｜男 試験

- 複 **اِمْتِحَانَاتٌ**

132 □□□ ナジャハ
**نَجَحَ**

動 成功する；合格する

- 未完 **يَنْجَحُ**
- 反 **فَشِلَ**「失敗する」 未完 **يَفْشَلُ**，**رَسَبَ**「落第する」 未完 **يَرْسُبُ**

133 □□□ ナティージャ
**نَتِيجَةٌ**

名｜女 結果

- 複 **نَتَائِجُ**

タズハブ・ブナティー・イラ・ル=マドラサ・ッ=サーナウィイヤ・ル=カリーバ・ミナ・ル=バイト

**تَذْهَبُ ٱبْنَتِي إِلَى ٱلْمَدْرَسَةِ ٱلثَّانَوِيَّةِ ٱلْقَرِيبَةِ مِنَ ٱلْبَيْتِ.**

私の娘は家の近くの高校に通っている。

▶تَذْهَبُ「行く」3|女|単|未完|直説 <ذَهَبَ 232。اِبْنَةٌ「娘」<اِبْنٌ 024。ثَانَوِيَّةٌ「高等の」女。
قَرِيبَةٌ 260「近い」女

---

フィ・ル=ヤーバーン・サブウミア・ワ=サマーヌーナ・ジャーミア・タクリーバン・ワラーキンナ・アダダ=ハー・サ=ヤキッル

**فِي ٱلْيَابَانِ سَبْعُمِئَةٍ وَثَمَانُونَ جَامِعَةً تَقْرِيبًا وَلٰكِنَّ عَدَدَهَا سَيَقِلُّ.**

日本には約780の大学があるが，その数は減るだろう。

▶اَلْيَابَانُ 211「日本」。سَبْعُمِئَةٍ وَثَمَانُونَ「780」。تَقْرِيبًا 250「およそ」。وَلٰكِنَّ 199「しかし」。
عَدَدٌ「数」(𠮷 رَقْمٌ 121)。…سَـ「～だろう（未来）」。يَقِلُّ「少なくなる」3|男|単|未完|直説 <قَلَّ

---

トゥリード・ウフティー・アン・タドフラ・マアハダ・ル=イルシャーディ・ッ=スィヤーヒー

**تُرِيدُ أُخْتِي أَنْ تَدْخُلَ مَعْهَدَ ٱلْإِرْشَادِ ٱلسِّيَاحِيِّ.**

私の姉は，観光ガイド専門学校に入りたがっている。

▶تُرِيدُ「欲する」3|女|単|未完|直説 <أَرَادَ 491。أَنْ 496「～すること」。تَدْخُلَ「入る」3|女|単|未完|接続
<دَخَلَ 440。إِرْشَادٌ「ガイド，案内」。سِيَاحِيٌّ「観光の」<سِيَاحَةٌ「観光」

---

アーフズ・ダルサン・フスースィーヤン・リ=ル=ムハーダサ・ビ=ル=インジリーズィイヤ・マッラ・フィ・ル=ウスブーウ

**آخُذُ دَرْسًا خُصُوصِيًّا لِلْمُحَادَثَةِ بِٱلْإِنْجِلِيزِيَّةِ مَرَّةً فِي ٱلْأُسْبُوعِ.**

私は週１回，英会話の個人レッスンを受けている。

▶آخُذُ「取る」1|単|未完|直説 <أَخَذَ 162。خُصُوصِيٌّ「個人の」。مُحَادَثَةٌ「会話」。
اَلْإِنْجِلِيزِيَّةُ「英語」。مَرَّةً「回」対（副詞的な用法）。أُسْبُوعٌ 191「週」

---

ラサブトゥ・フィー・リムティハーニ・ン=ニハーイー・ファ=アアットゥ・ッ=サナ・ッ=ディラースィーヤ・マッラ・ウフラー

**رَسَبْتُ فِي ٱلْاِمْتِحَانِ ٱلنِّهَائِيِّ فَأَعَدْتُ ٱلسَّنَةَ ٱلدِّرَاسِيَّةَ مَرَّةً أُخْرَى.**

私は期末試験に落ちて留年した。

▶رَسَبْتُ「落第する」1|単|完 <رَسَبَ（反 نَجَحَ 132）。نِهَائِيٌّ「最終の」<نِهَايَةٌ「終わり」。…فَـ「それで」
（参 وَ 197）。أَعَدْتُ「再びする」1|単|完 <أَعَادَ Ⅳ。سَنَةٌ دِرَاسِيَّةٌ「学年」。مَرَّةً「回」対（副詞的な用法）

---

ナジャハ・フィ・ムティハーン・ドゥフーリ・ル=ジャーミア・ミン・アウワル・ムハーワラ

**نَجَحَ فِي ٱمْتِحَانِ دُخُولِ ٱلْجَامِعَةِ مِنْ أَوَّلِ مُحَاوَلَةٍ.**

彼は大学入試に一発で合格した。

▶دُخُولٌ「入ること」<دَخَلَ 440「入る」。أَوَّلٌ「第1」。مُحَاوَلَةٌ「試み」<حَاوَلَ「試みる」Ⅲ

---

サ=ヤティンム・イウラーヌ・ナティージャティ・リムティハーン・フィ・ル=ウスブーイ・ル=カーディム

**سَيَتِمُّ إِعْلَانُ نَتِيجَةِ ٱلْاِمْتِحَانِ فِي ٱلْأُسْبُوعِ ٱلْقَادِمِ.**

試験結果の発表は来週にある。

▶…سَـ「～だろう（未来）」。يَتِمُّ「完了される」3|男|単|未完|直説 <تَمَّ。إِعْلَانٌ「発表」。
أُسْبُوعٌ 191「週」。قَادِمٌ「次の，来たる」

| 1回目 | 年 月 日 ／7 | 2回目 | 年 月 日 ／7 | 3回目 | 年 月 日 ／7 | 達成率 26 % |
|---|---|---|---|---|---|---|

134 □□□ マクタブ
مَكْتَبٌ
名|男 事務所，オフィス；デスク
- 複 مَكَاتِبُ
- كُرْسِيٌّ 男「椅子」

135 □□□ シャリカ
شَرِكَةٌ
名|女 会社
- 複 شَرِكَاتٌ

136 □□□ マスナウ
مَصْنَعٌ
名|男 工場
- 複 مَصَانِعُ

137 □□□ マクタブ・ル＝バリード
مَكْتَبُ ٱلْبَرِيدِ
名|男 郵便局
- 複 مَكَاتِبُ الْبَرِيدِ
- بَرِيدٌ 男「郵便」

138 □□□ シュグル
شُغْلٌ
名|男 仕事；すべき作業
- 複 أَشْغَالٌ
- 類 男 عَمَلٌ「仕事，職」，
  وَظِيفَةٌ 女「職業」

139 □□□ ラーティブ
رَاتِبٌ
名|男 給料
- 複 رَوَاتِبُ
- 同 男 مُرَتَّبٌ

140 □□□ イシュラガラ
اِشْتَغَلَ
動|派|VIII 働く
- 未完 يَشْتَغِلُ
- 類 عَمِلَ「働く，する，作る等」
  未完 يَعْمَلُ

アンシャア・マクタバン・サギーラン・フィー・トーキョー

**أَنْشَأَ مَكْتَبًا صَغِيرًا فِي طُوكِيُو.**

彼は都内に小さな事務所を構えた。

▶أَنْشَأَ「つくる」IV|完。طُوكِيُو「東京」

---

アフラサティ・ッ=シャリカ・ッラティー・カーナト・ウンミー・タアマル・フィー=ハー

**أَفْلَسَتِ ٱلشَّرِكَةُ ٱلَّتِي كَانَتْ أُمِّي تَعْمَلُ فِيهَا.**

母の勤めていた会社が倒産した。

▶أَفْلَسَتْ「破産する」3|女|単|完|IV。ٱلَّتِي（関係代名詞）女|単。
تَعْمَلُ「働く」3|女|単|未完|直説 < عَمِلَ（類 اِشْتَغَلَ 140）

---

ジャッラブナー・シュルバ・ル=ビーラ・ッ=ターザジャ・フィー・マスナイ・ル=ビーラ

**جَرَّبْنَا شُرْبَ ٱلْبِيرَةِ ٱلطَّازَجَةِ فِي مَصْنَعِ ٱلْبِيرَةِ.**

私たちは，ビール工場で新鮮なビールを試飲した。

▶جَرَّبْنَا「試す」1|複|完 < جَرَّبَ II。شُرْبٌ「飲むこと」< شَرِبَ 298「飲む」。بِيرَةٌ 282「ビール」。
طَازَجَةٌ「新鮮な」女

---

サ=アタサッラム・ッ=タルド・フィー・マクタビ・ル=バリード

**سَأَتَسَلَّمُ ٱلطَّرْدَ فِي مَكْتَبِ ٱلْبَرِيدِ.**

私は郵便局で小包を受け取る。

▶سَـ...「～だろう（未来）」。أَتَسَلَّمُ「受け取る」1|単|未完|直説 < تَسَلَّمَ V。طَرْدٌ「小包」

---

インディー・シュグル・カスィール・フィ・ル=バイティ・ル=ヤウム

**عِنْدِي شُغْلٌ كَثِيرٌ فِي ٱلْبَيْتِ ٱلْيَوْمَ.**

私は今日，家でたくさん仕事がある。

▶كَثِيرٌ 154「多い」。ٱلْيَوْمَ 208「今日」

---

ウリード・アン・アシュタギラ・フィー・シャリカ・ムラッタブ=ハー・ジャイイド

**أُرِيدُ أَنْ أَشْتَغِلَ فِي شَرِكَةٍ رَاتِبُهَا جَيِّدٌ.**

私はお給料の良い会社で働きたい。

▶أُرِيدُ「欲する」1|単|未完|直説 < أَرَادَ 491。أَنْ 496「～すること」。
أَشْتَغِلَ「働く」1|単|未完|接続 < اِشْتَغَلَ 140。جَيِّدٌ「良い」

---

ヤシュタギル・ッ=ターリブ・ムダッリサン・フスースィーヤン・リ=ヤクスィバ・ルスーマ・ッ=ディラーサ

**يَشْتَغِلُ ٱلطَّالِبُ مُدَرِّسًا خُصُوصِيًّا لِيَكْسِبَ رُسُومَ ٱلدِّرَاسَةِ.**

その学生は，学費を稼ぐために家庭教師をして働いている。

▶خُصُوصِيٌّ「個人の」。لِ「～するために」（同 لِكَيْ 203）。
يَكْسِبَ「稼ぐ」3|男|単|未完|接続 < كَسَبَ。رُسُومٌ「料金」複 < رَسْمٌ 単。دِرَاسَةٌ「勉強」

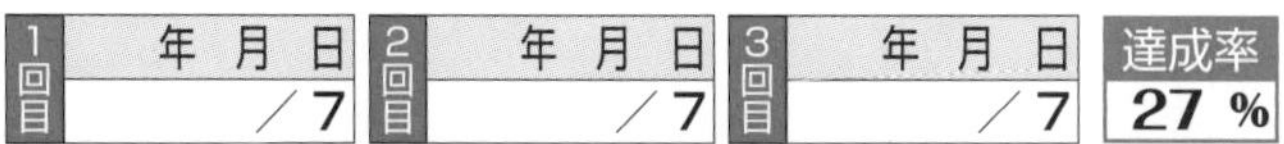

141 カラム

قَلَمٌ

名|男 ペン

▪ 複 أَقْلَامٌ

142 ワラク

وَرَقٌ

名|集 紙；葉

▪ 複 أَوْرَاقٌ
▪ 個体名詞|女 وَرَقَةٌ
▪ دَفْتَرٌ 男「ノート」

143 リサーラ

رِسَالَةٌ

名|女 手紙

▪ 複 رَسَائِلُ
▪ طَرْدٌ 男「小包」

144 ハースーブ

حَاسُوبٌ

名|男 コンピューター

▪ 複 حَوَاسِيبُ
▪ 同 كُمْبِيُوتَرٌ

145 カタバ

كَتَبَ

動 書く

▪ 未完 يَكْتُبُ

146 カラア

قَرَأَ

動 読む

▪ 未完 يَقْرَأُ

147 アルサラ

أَرْسَلَ

動|派|IV 送る

▪ 未完 يُرْسِلُ

アル=カラム・アクワー・ミナ・ッ=サイフ

## ٱلْقَلَمُ أَقْوَى مِنَ ٱلسَّيْفِ.

ペンは剣よりも強し。

▶أَقْوَى「より強い（比較級）」< قَوِيٌّ 460「強い」。سَيْفٌ「剣」

---

ウリード・ワラク・トゥワーリート，ラウ・サマハティ

## أُرِيدُ وَرَقَ تُوَالِيتْ، لَوْ سَمَحْتِ.

トイレット・ペーパーが欲しいのですが。

▶أُرِيدُ「欲する」[1|単|未完|直説] < أَرَادَ 491。تُوَالِيتْ「トイレ」。
لَوْ سَمَحْتِ「すみませんが」（直訳：もしあなた〔女〕が許すなら／お願いする際の表現）

---

アルスィル・ミラッファ・ッ=スーラ・ビ=リサーラ・イリクトゥルーニイヤ

## أَرْسِلْ مِلَفَّ ٱلصُّورَةِ بِرِسَالَةٍ إِلِكْتُرُونِيَّةٍ.

画像ファイルを電子メールで送ってください。

▶أَرْسِلْ「送れ」[男|単|命令] < أَرْسَلَ 147。مِلَفٌّ「ファイル」。صُورَةٌ 483「写真，絵」。
إِلِكْتُرُونِيَّةٌ「電子の」[女]

---

アブハス・アン・ハースーブ・ダフタリー・ズィー・ザーキラ・カビーラティ・ル=ハジュム

## أَبْحَثُ عَنْ حَاسُوبٍ دَفْتَرِيٍّ ذِي ذَاكِرَةٍ كَبِيرَةِ ٱلْحَجْمِ.

大容量メモリーのノートPCを探しています。

▶أَبْحَثُ عَنْ ...「…を探す」[1|単|未完|直説] < بَحَثَ عَنْ。دَفْتَرِيٌّ「ノートの」< دَفْتَرٌ「ノート」。
ذِي「持ち主」[男|単|属] < ذُو [主]。ذَاكِرَةٌ「メモリー」。حَجْمٌ「規模」。كَبِيرَةُ ٱلْحَجْمِ「大規模の」[女]

---

ウクトゥブ・ビ=ハッティ・ン=ナスフ

## اُكْتُبْ بِخَطِّ ٱلنَّسْخِ.

ナスフ体で書いてください。

▶خَطٌّ「線，文字」（[参] حَرْفٌ 360）。خَطُّ ٱلنَّسْخِ「ナスフ体の文字（活字体）」

---

ハル・タスタティーウ・アン・タクラア・ハッタ・ッ=ルクア

## هَلْ تَسْتَطِيعُ أَنْ تَقْرَأَ خَطَّ ٱلرُّقْعَةِ؟

ルクア体は読めますか。

▶تَسْتَطِيعُ「できる」[2|男|単|未完|直説] < اِسْتَطَاعَ 494。أَنْ 496「～すること」。
خَطٌّ「線，文字」（[参] حَرْفٌ 360）。خَطُّ ٱلرُّقْعَةِ「ルクア体の文字（筆記体）」

---

ハル・トゥルスィル・ハーザー・ビ=ル=バリーディ・ル=ジャウウィー・アム・ビ=ル=バリーディ・ル=バハリー

## هَلْ تُرْسِلُ هٰذَا بِٱلْبَرِيدِ ٱلْجَوِّيِّ أَمْ بِٱلْبَرِيدِ ٱلْبَحْرِيِّ؟

これを航空便で送りますか，それとも船便で？

▶بَرِيدٌ「郵便」（[参] مَكْتَبُ بَرِيدٍ 137）。جَوِّيٌّ「空の」< جَوٌّ 454「空気」。أَمْ「あるいは」（[同] أَوْ 198）。
بَحْرِيٌّ「海の」< بَحْرٌ 442「海」

148 □□□ アブヤド

# أَبْيَضُ

[形] 白い

- [女] بَيْضَاءُ
- [複] بِيضٌ
- لَوْنٌ [男]「色」([複] أَلْوَانٌ)

149 □□□ アスワド

# أَسْوَدُ

[形] 黒い

- [女] سَوْدَاءُ
- [複] سُودٌ

150 □□□ アハマル

# أَحْمَرُ

[形] 赤い

- [女] حَمْرَاءُ
- [複] حُمْرٌ
- وَرْدِيٌّ「ピンク色の」<وَرْدَةٌ「バラ」325

151 □□□ アズラク

# أَزْرَقُ

[形] 青い

- [女] زَرْقَاءُ
- [複] زُرْقٌ

152 □□□ アスファル

# أَصْفَرُ

[形] 黄色い

- [女] صَفْرَاءُ
- [複] صُفْرٌ
- ذَهَبٌ [男]「金(きん)」>ذَهَبِيٌّ「金色の」

153 □□□ アハダル

# أَخْضَرُ

[形] 緑色の

- [女] خَضْرَاءُ
- [複] خُضْرٌ

154 □□□ カスィール

# كَثِيرٌ

[形] 多い

- [複] كَثِيرُونَ
- كَثِيرًا「大いに」

アル=バイトゥ・ル=アブヤド・フィー・アムリーカー・ワ=ッ=ダール・ル=バイダーッ・フィ・ル=マグリブ

**اَلْبَيْتُ ٱلْأَبْيَضُ فِي أَمْرِيكَا وَٱلدَّارُ ٱلْبَيْضَاءُ فِي ٱلْمَغْرِبِ.**

ホワイト・ハウスはアメリカに，カサブランカはモロッコにある。

▶أَمْرِيكَا「アメリカ」。دَارٌ 女「家，館」(類 بَيْتٌ 106)。اَلْمَغْرِبُ 215「モロッコ」

---

カム・ジュナイハン・ムカービラ・ッ=ドゥーラーリ・ル=ワーヒド・フィ・ッ=スーキ・ッ・サウダーッ

**كَمْ جُنَيْهًا مُقَابِلَ ٱلدُّولَارِ ٱلْوَاحِدِ فِي ٱلسُّوقِ ٱلسَّوْدَاءِ ؟**

1ドルは闇相場で何ポンドですか。

▶جُنَيْهًا「(エジプトなどの)ポンド」対 <جُنَيْهٌ。مُقَابِلَ「〜に対応して」。دُولَارٌ「ドル」。وَاحِدٌ「1」。سُوقٌ 男|女「市場」

---

アッ=サリーブ・ル=アハマル・ユカービル=フ・ル=ヒラール・ル=アハマル・フィ・ル=アーラミ・ル=イスラーミー

**اَلصَّلِيبُ ٱلْأَحْمَرُ يُقَابِلُهُ ٱلْهِلَالُ ٱلْأَحْمَرُ فِي ٱلْعَالَمِ ٱلْإِسْلَامِيِّ.**

赤十字は，イスラーム世界では赤新月がそれに当たる。

▶صَلِيبٌ「十字架」。يُقَابِلُ「あう；対応する」3|単|男|未完|直説 <قَابَلَ (参 رَأَى 103)。هِلَالٌ「新月」。عَالَمٌ 223「世界」。إِسْلَامِيٌّ「イスラームの」<اَلْإِسْلَامُ 338「イスラーム」

---

アッ=シャーウィン・マディーナ・フィー・シャマーリ・ル=マグリブ・ワ=トゥラッカブ・ビ=ル=マディーナ・ッ=ザルカーッ

**اَلشَّاوِنُ مَدِينَةٌ فِي شَمَالِ ٱلْمَغْرِبِ وَتُلَقَّبُ بِٱلْمَدِينَةِ ٱلزَّرْقَاءِ .**

シャウエンはモロッコ北部の町で，青い町という異名で呼ばれる。

▶اَلشَّاوِنُ「シャウエン(都市名)」。مَدِينَةٌ 421「町」。شَمَالٌ 225「北」。اَلْمَغْرِبُ 215「モロッコ」。تُلَقَّبُ「あだ名で呼ばれる」受|3|女|単|未完|直説 <لَقَّبَ II

---

ワジュフ=カ・アスファル

**وَجْهُكَ أَصْفَرُ.**

あなたは顔色が悪い。

▶وَجْهٌ 416「顔」

---

ヤスマフ・ッ=ダウウ・ル=アハダル・リ=ッ=サーイリーン・ビ=ル=ウブール

**يَسْمَحُ ٱلضَّوْءُ ٱلْأَخْضَرُ لِلسَّائِرِينَ بِٱلْعُبُورِ.**

青信号は歩行者に横断を許可する。

▶يَسْمَحُ「許す」3|男|単|未完|直説 <سَمَحَ。ضَوْءٌ「光」。سَائِرِينَ「歩行者」複|属 <سَائِرٌ。عُبُورٌ「横断，渡ること」

---

ミナ・ッ=タビーイー・アン・ヤズィーダ・ワズヌ=カ・イザー・アカルタ・カスィーラン

**مِنَ ٱلطَّبِيعِيِّ أَنْ يَزِيدَ وَزْنُكَ إِذَا أَكَلْتَ كَثِيرًا.**

たくさん食べたら体重が増えるのは当たり前だ。

▶طَبِيعِيٌّ「自然な」<طَبِيعَةٌ 462「自然」。يَزِيدَ「増える」3|男|単|未完|接続 <زَادَ。وَزْنٌ「重さ」。إِذَا「もし」。أَكَلْتَ「食べる」2|男|単|完 <أَكَلَ 297

| 1回目 | 年　月　日<br>／7 | 2回目 | 年　月　日<br>／7 | 3回目 | 年　月　日<br>／7 | 達成率<br>30 % |
|---|---|---|---|---|---|---|

155 □□□
カリール
قَلِيلٌ
形 少ない
▪ 複 قَلَائِلُ
▪ قَلِيلًا「少々」

156 □□□
ジャディード
جَدِيدٌ
形 新しい
▪ 複 جُدُدٌ

157 □□□
カディーム
قَدِيمٌ
形 古い
▪ 複 قُدَمَاءُ

158 □□□
サアブ
صَعْبٌ
形 難しい
▪ 複 صِعَابٌ

159 □□□
サハル
سَهْلٌ
形 簡単な
▪ بَسِيطٌ「シンプルな；簡素な」

160 □□□
タウィール
طَوِيلٌ
形 長い；背の高い
▪ 複 طِوَالٌ
▪ 類 عَالٍ「（ビル，山などが）高い」

161 □□□
カスィール
قَصِيرٌ
形 短い；背の低い
▪ 複 قِصَارٌ

ダア・カリーラン・ミナ・ッ=スッカル・ファカト・フィ・ル=カホワ

**ضَعْ قَلِيلًا مِنَ ٱلسُّكَّرِ فَقَطْ فِي ٱلْقَهْوَةِ.**

コーヒーに少しだけお砂糖を入れてください。

▶ضَعْ「置け，入れろ」男|単|命令 < وَضَعَ 432「置く」。سُكَّرٌ 285「砂糖」。فَقَطْ 205「たった〜だけ」。
قَهْوَةٌ 280「コーヒー」

---

ハーザ・ル=クーブ・ワスィフ　ウリード・クーバン・ジャディーダン・ミン・ファドリ=カ

**هٰذَا ٱلْكُوبُ وَسِخٌ. أُرِيدُ كُوبًا جَدِيدًا مِنْ فَضْلِكَ.**

このコップは汚れています。新しいコップをお願いします。

▶كُوبٌ 307「コップ」。وَسِخٌ「汚い」。أُرِيدُ「欲する」1|単|未完|直説 < أَرَادَ 491。
مِنْ فَضْلِكَ「(男|単に対して)どうか」

---

アル=フィルアウン・フワ・ル=マリク・フィー・ミスラ・ル=カディーマ

**اَلْفِرْعَوْنُ هُوَ ٱلْمَلِكُ فِي مِصْرَ ٱلْقَدِيمَةِ.**

ファラオとは古代エジプトの王です。

▶فِرْعَوْنٌ「ファラオ」。مَلِكٌ「王」。مِصْرُ 212「エジプト」女

---

ラー・タスタスリム・ハッター・ワ=ラウ・カーナ・ル=アムル・サアバン

**لَا تَسْتَسْلِمْ حَتَّى وَلَوْ كَانَ ٱلْأَمْرُ صَعْبًا.**

たとえ難しくても諦めないでください。

▶لَا「〜するな（否定辞）」。تَسْتَسْلِمْ「屈する」2|男|単|未完|要求 < اِسْتَسْلَمَ X。
حَتَّى وَلَوْ「たとえ〜でも」< حَتَّى 497「〜でさえ」+ وَ 197「そして」+ لَوْ「もし」。أَمْرٌ「事」

---

アル=カラーム・サハル・ワ=ッ=タンフィーズ・サアブ

**اَلْكَلَامُ سَهْلٌ وَٱلتَّنْفِيذُ صَعْبٌ.**

言うは易く行うは難し。

▶كَلَامٌ「ことば」。وَ 197「そして」。تَنْفِيذٌ「実行」

---

アアリフ・ザーリカ・ッ=ティルミーズ・ムンズ・ザマン・タウィール

**أَعْرِفُ ذٰلِكَ ٱلتِّلْمِيذَ مُنْذُ زَمَنٍ طَوِيلٍ.**

私はあの生徒をずいぶん前から知っている。

▶أَعْرِفُ「知る」1|単|未完|直説 < عَرَفَ 383。تِلْمِيذٌ「生徒，児童」（参 طَالِبٌ 085）。زَمَنٌ「時」

---

カド・タアッラムナ・ル=カスィール・フィー・ムッダ・カスィーラ・ジッダン

**قَدْ تَعَلَّمْنَا ٱلْكَثِيرَ فِي مُدَّةٍ قَصِيرَةٍ جِدًّا.**

我々は非常に短い間に多くのことを学んだ。

▶قَدْ「既に（完了の強調）」。تَعَلَّمْنَا「学ぶ」1|複|完 < تَعَلَّمَ V（参 دَرَسَ 382）。
مُدَّةٌ「期間」。جِدًّا 246「とても」

| 1回目 | 年　月　日 | 2回目 | 年　月　日 | 3回目 | 年　月　日 | 達成率 |
|---|---|---|---|---|---|---|
| | ／7 | | ／7 | | ／7 | 31 % |

162 □□□ アハザ

# أَخَذَ

動 取る（take）

- 未完 يَأْخُذُ
- 命令|男|単 خُذْ
- … حَصَلَ عَلَى「…を得る，取得する」

163 □□□ カーマ

# قَامَ

動 起き上がる

- 未完 يَقُومُ
- 完|1|単 قُمْتُ

164 □□□ ジャラサ

# جَلَسَ

動 座る

- 未完 يَجْلِسُ

165 □□□ バダア

# بَدَأَ

動 始まる

- 未完 يَبْدَأُ

166 □□□ インタハー

# اِنْتَهَى

動|派|VIII 終わる

- 未完 يَنْتَهِي
- 完|1|単 اِنْتَهَيْتُ

167 □□□ サアラ

# سَأَلَ

動 尋ねる

- 未完 يَسْأَلُ

168 □□□ アジャーバ

# أَجَابَ

動|派|IV 答える

- 未完 يُجِيبُ
- 完|1|単 أَجَبْتُ

アライ=カ・アン・タアフザ・ハーザ・ッ=ダワーッ・バアダ・ル=アクル

**عَلَيْكَ أَنْ تَأْخُذَ هٰذَا ٱلدَّوَاءَ بَعْدَ ٱلْأَكْلِ.**

食後にこのお薬を飲まなければいけませんよ。

▶ عَلَى ... أَنْ「…は～しなければならない」。أَنْ 496「～すること」。دَوَاءٌ 413「薬」。أَكْلٌ「食事」(参 أَكَلَ 297)

---

アル=マスィーフ・カーマ・ハッカン・カーマ

**ٱلْمَسِيحُ قَامَ حَقًّا قَامَ!**

キリストは本当に復活なさった！（キリスト教の復活祭のときの表現）

▶ ٱلْمَسِيحُ「キリスト（メシア）」。حَقًّا「本当に」

---

イジュリス・ワ=ルブト・ヒザーマ・ル=マクアド

**اِجْلِسْ وَٱرْبُطْ حِزَامَ ٱلْمَقْعَدِ.**

座って，シートベルトを締めてください。

▶ وَ 197「そして」。اُرْبُطْ 男|単|命令 < رَبَطَ「結ぶ」。حِزَامٌ「ベルト」。مَقْعَدٌ「座席」

---

イザー・ザハラ・ル=ヒラール・ヤブダウ・シャハル・ラマダーン

**إِذَا ظَهَرَ ٱلْهِلَالُ يَبْدَأُ شَهْرُ رَمَضَانَ.**

新月が現れたら，ラマダーン月が始まる。

▶ إِذَا「もし～」。ظَهَرَ「現れる」3|男|単|完。هِلَالٌ「新月」。شَهْرٌ 192「月（month）」。رَمَضَانُ 188「ラマダーン」

---

インタハ・ッ=タハッディー・ビ=ル=ファシャル・リ=スーイ・ル=ハッズ

**اِنْتَهَى ٱلتَّحَدِّي بِٱلْفَشَلِ لِسُوءِ ٱلْحَظِّ.**

その挑戦は運悪く失敗に終わった。

▶ تَحَدٍّ「挑戦」。فَشَلٌ「失敗」。سُوءٌ「悪さ」。حَظٌّ「運」

---

サアラティ・ル=ウンム・ブナーハー・アン・ワクティ・ルジューイ=ヒ

**سَأَلَتِ ٱلْأُمُّ ٱبْنَهَا عَنْ وَقْتِ رُجُوعِهِ.**

母は息子に帰りの時刻を尋ねた。

▶ وَقْتٌ「時，時間」(参 سَاعَةٌ 194)。رُجُوعٌ「帰り，帰ること」

---

アジブ・アニ・ッ=スアール・ビ=ナアム・アム・ラー

**أَجِبْ عَنِ ٱلسُّؤَالِ بِـ"نَعَمْ" أَمْ "لَا".**

問いに「はい」か「いいえ」で答えなさい。

▶ سُؤَالٌ「質問」。أَمْ「あるいは」(同 أَوْ 198)

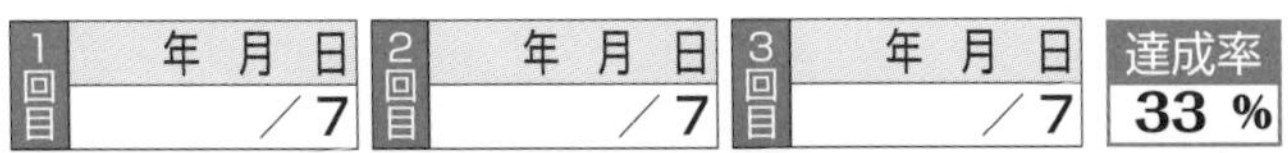

| 1回目 | 年　月　日 ／7 | 2回目 | 年　月　日 ／7 | 3回目 | 年　月　日 ／7 | 達成率 33 % |
|---|---|---|---|---|---|---|

# 文法復習② 名詞・形容詞の格変化，双数形・複数形

●主な格変化の型を3種類挙げておきます。

| | | 3段変化 | 2段変化 | 格変化なし | |
|---|---|---|---|---|---|
| | | ピラミッド | 沙漠 | カフェ | 音楽 |
| 非限定形 | 主格 | هَرَمٌ | صَحْرَاءُ | مَقْهًى | مُوسِيقَى |
| | 属格 | هَرَمٍ | صَحْرَاءَ | | |
| | 対格 | هَرَمًا | | | |
| 限定形 | 主格 | اَلْهَرَمُ | اَلصَّحْرَاءُ | اَلْمَقْهَى | اَلْمُوسِيقَى |
| | 属格 | اَلْهَرَمِ | اَلصَّحْرَاءِ | | |
| | 対格 | اَلْهَرَمَ | اَلصَّحْرَاءَ | | |

＊3段変化の非限定形の対格形は，語尾に発音しないアリフを添えます。ただし，語尾がター・マルブータなどの場合，このアリフは書かれません。قَهْوَةً「コーヒー（非限定・対格）」

＊2段変化の名詞や形容詞でも，限定辞のアルが付いたり，イダーファで属格の名詞・代名詞に後続されると，3段変化になります。

アラビア語には数の体系は以下のようになっています。

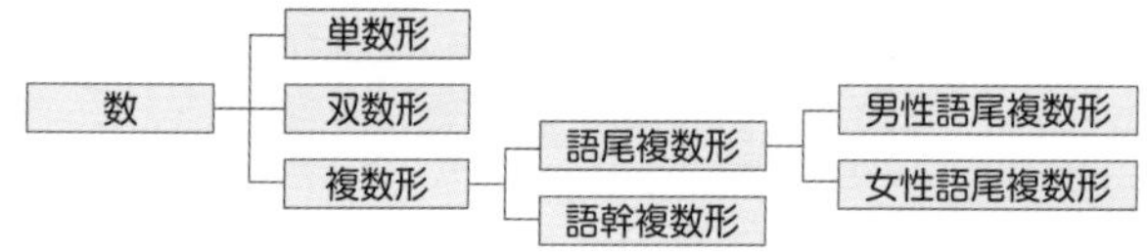


●双数形と語尾複数形の格変化を確認しておきましょう。

語幹複数形は，単語の形全体が変わって複数形を作るものです。

كِتَابٌ「本」キターブ
→كُتُبٌ「本 複」クトゥブ

كَبِيرٌ「大きい」カビール
→كِبَارٌ「大きい 複」キバール

| | | 単数形 | 双数形 | 複数形 |
|---|---|---|---|---|
| 男性形 | 主格 | مُسْلِمٌ | مُسْلِمَانِ | مُسْلِمُونَ |
| | 属格 | مُسْلِمٍ | مُسْلِمَيْنِ | مُسْلِمِينَ |
| | 対格 | مُسْلِمًا | | |
| 女性形 | 主格 | مُسْلِمَةٌ | مُسْلِمَتَانِ | مُسْلِمَاتٌ |
| | 属格 | مُسْلِمَةٍ | مُسْلِمَتَيْنِ | مُسْلِمَاتٍ |
| | 対格 | مُسْلِمَةً | | |

通常，ター・マルブータで終わる語は女性名詞ですが，男性の複数形なのに，ター・マルブータで終わる語幹複数形もあります。

أَخٌ「男兄弟」アフ → إِخْوَةٌ「男兄弟 複」イフワ
طَالِبٌ「男子学生」ターリブ → طَلَبَةٌ「学生 複」タラバ

形容詞で名詞を修飾するときは，「限定／非限定」「性」「格」「数」の4つを揃えます。

（名詞も形容詞も，限定・男性・主格・双数）

اَلطَّالِبَانِ ٱلْأَجْنَبِيَّانِ　アッ＝ターリバーニ・ル＝アジュナビーヤーニ　「2人の外国人学生」

ただし，人間でないものの複数形は，女性・単数として扱います。

**كُتُبٌ جَدِيدَةٌ**「新しい本 複」クトゥブ・ジャディーダ

「本」は男性名詞の複数形ですが，「新しい」は女性単数形をとります。

●指示詞についてもまとめておきます。左の欄が「これ，この」，右の欄が「あれ，あの」です。

| | 単数形 | | 双数形 | | 複数形 | |
|---|---|---|---|---|---|---|
| 男性形 | ハーザー هٰذَا | ザーリカ ذٰلِكَ | ハーザーニ هٰذَانِ | ザーニカ ذَانِكَ | ハーウラーイ هٰؤُلَاءِ | ウラーイカ أُولٰئِكَ |
| | | | ハーザイニ هٰذَيْنِ | ザイニカ ذَيْنِكَ | | |
| 女性形 | ハーズィヒ هٰذِهِ | ティルカ تِلْكَ | ハーターニ هَاتَانِ | ターニカ تَانِكَ | | |
| | | | ハータイニ هَاتَيْنِ | タイニカ تَيْنِكَ | | |

＊「これ，この」は「ハー」で始まり，「あれ，あの」は「カ」で終わっています。この「ハー」と「カ」を取り除くと，双数形が「ザーニ／ザイニ」「ターニ／タイニ」，複数形が「ウラーイ」と，同じ形であるのがわかります。

＊「これ，あれ」と「この，あの」は，以下のように区別します。

〈指示詞〉＋〈非限定形の名詞や形容詞〉＝「これは／あれは　～です」

〈指示詞〉＋〈限定辞アルの付いた名詞〉＝「この／あの　～」

**هٰذَا طَعَامٌ لَذِيذٌ.** ハーザー・タアーム・ラズィーズ　「これは美味しいお料理です」

**هٰذَا ٱلطَّعَامُ لَذِيذٌ.** ハーザ・ッ＝タアーム・ラズィーズ　「このお料理は美味しいです」

## 発音と読み方2

限定辞アルの「ル」は，次に舌先を使って発音する音が来ると，その音に同化してします。

**اَلشَّمْسُ**「その太陽」　アル＋シャムス　→アッ＝シャムス

**اَلنَّهْرُ**「その川」　アル＋ナハル　→アン＝ナハル

舌先を使って発音する音を表す文字のことを「太陽文字」と呼びます。それら以外の文字は「月文字」と呼ばれます。なお，**ج**（ジーム）は舌先を使って発音しますが，例外的に月文字です。

**اَلْقَمَرُ**「その月」　アル＋カマル　→アル＝カマル

**اَلْجَامِعَةُ**「その大学」　アル＋ジャーミア　→アル＝ジャーミア

169 □□□ ヤウム・ル＝アハド

يَوْمُ ٱلْأَحَدِ

固 日曜日

▪ 以下，曜日名は يَوْمُ なしでも用いられる。

170 □□□ ヤウム・ル＝イスナイン

يَوْمُ ٱلْإِثْنَيْنِ

固 月曜日

171 □□□ ヤウム・ッ＝スラーサーッ

يَوْمُ ٱلثُّلَاثَاءِ

固 火曜日

172 □□□ ヤウム・ル＝アルビアーッ

يَوْمُ ٱلْأَرْبِعَاءِ

固 水曜日

173 □□□ ヤウム・ル＝ハミース

يَوْمُ ٱلْخَمِيسِ

固 木曜日

174 □□□ ヤウム・ル＝ジュムア

يَوْمُ ٱلْجُمْعَةِ

固 金曜日

175 □□□ ヤウム・ッ＝サブト

يَوْمُ ٱلسَّبْتِ

固 土曜日

ヤウム・ル=アハド・イジャーザ・フィ・ル=ミンタカ・ガイリ・ル=マスィーヒイヤ・アイダン

**يَوْمُ ٱلْأَحَدِ إِجَازَةٌ فِي ٱلْمِنْطَقَةِ غَيْرِ ٱلْمَسِيحِيَّةِ أَيْضًا.**

日曜日は非キリスト教地域でも休日だ。

▶إِجَازَةٌ「休日，休暇」。مِنْطَقَةٌ「地域」。غَيْرٌ「～ではない，～以外」。مَسِيحِيٌّ「キリスト教の」。
أَيْضًا 204「～もまた」

ナクール・ル=イスナイニ・ル=アズラク・ビ=サバビ・ル=ミザージ・ル=ハズィーン・フィー・ヤウミ・ル=イスナイン

**نَقُولُ "ٱلْإِثْنَيْنِ ٱلْأَزْرَقَ" بِسَبَبِ ٱلْمِزَاجِ ٱلْحَزِينِ فِي يَوْمِ ٱلْإِثْنَيْنِ.**

月曜日の悲しい気分ゆえに，私たちは「ブルー・マンデー」と言う。

▶سَبَبٌ「理由，原因」。مِزَاجٌ「気分」。حَزِينٌ「悲しい」

ムウザム・サールーナーティ・ッ=タジュミール・フィー・トーキョー・トゥグラク・フィー・ヤウミ・ッ=スラサーッ

**مُعْظَمُ صَالُونَاتِ ٱلتَّجْمِيلِ فِي طُوكِيُو تُغْلَقُ فِي يَوْمِ ٱلثُّلَاثَاءِ.**

東京の大部分の美容院は，火曜日にお休みする。

▶مُعْظَمٌ「ほとんどの」。صَالُونُ ٱلتَّجْمِيلِ「美容院」。طُوكِيُو「東京」。
تُغْلَقُ「閉められる」[受|3|女|単|未完] <أَغْلَقَ 111 Ⅳ

アーフズ・ダウラタ・ル=アラビイヤ・アラー・シャバカティ・ル=インティルニト・フィー・ヤウミ・ル=アルビアーッ・ビ=ッ=ライル

**آخُذُ دَوْرَةَ ٱلْعَرَبِيَّةِ عَلَى شَبَكَةِ ٱلْإِنْتِرْنِتْ فِي يَوْمِ ٱلْأَرْبِعَاءِ بِٱللَّيْلِ.**

私は水曜日の夜，アラビア語のオンライン講座を受講している。

▶دَوْرَةٌ「講座，コース」。عَرَبِيَّةٌ「アラビアの」[女] <عَرَبٌ 224「アラブ」。شَبَكَةٌ「網，ネット」。
إِنْتِرْنِتْ「インターネット」。لَيْلٌ 502「夜間」

タブダウ・ウトラトゥ・ル=ウスブーイ・ライラタ・ヤウミ・ル=ハミース・フィ=ル・アーラミ・ル=イスラーミー

**تَبْدَأُ عُطْلَةُ ٱلْأُسْبُوعِ لَيْلَةَ يَوْمِ ٱلْخَمِيسِ فِي ٱلْعَالَمِ ٱلْإِسْلَامِيِّ.**

イスラーム世界では，週末は木曜日の夜に始まる。

▶عُطْلَةٌ「休暇」。أُسْبُوعٌ 191「週」。لَيْلَةٌ「夜」([系] لَيْلٌ 502)。عَالَمٌ 223「世界」。
إِسْلَامِيٌّ「イスラームの」<ٱلْإِسْلَامُ 338「イスラーム」

ヤウム・ル=ジュムア・ライサ・ヤウマン・リ=ッ=ラーハ・バル・ヤウム・リ=ッ=サラーティ・ル=ジャマーイイヤ・ファカト

**يَوْمُ ٱلْجُمْعَةِ لَيْسَ يَوْمًا لِلرَّاحَةِ بَلْ يَوْمٌ لِلصَّلَاةِ ٱلْجَمَاعِيَّةِ فَقَطْ.**

金曜日は安息日ではなく，単に集団礼拝の日だ。

▶يَوْمٌ 190「日」。رَاحَةٌ「安らぎ，休息」。بَلْ「～ではなくて」([系] وَلٰكِنَّ 199)。صَلَاةٌ 341「礼拝」。
جَمَاعِيَّةٌ「集団の」[女]。فَقَطْ 205「～だけ」

イスム・ヤウミ・ッ=サブト・アスル=フ・カリマ・イブリイヤ

**اِسْمُ يَوْمِ ٱلسَّبْتِ أَصْلُهُ كَلِمَةٌ عِبْرِيَّةٌ.**

土曜日の名前は，その語源がヘブライ語の単語だ。

▶أَصْلٌ「源」。كَلِمَةٌ 361「単語」。عِبْرِيَّةٌ「ヘブライ語の」[女]

| 1回目 | 年 月 日 ／7 | 2回目 | 年 月 日 ／7 | 3回目 | 年 月 日 ／7 | 達成率 35 % |
|---|---|---|---|---|---|---|

176 □□□ カーヌーヌ・ッ＝サーニー

**كَانُونُ ٱلثَّانِي**

固 1月

以下，見出し語の月名はレヴァント地方などで用いられる。

▪ 同 يَنَايِرُ
エジプトや湾岸ではこちらが用いられる。

177 □□□ シュバート

**شُبَاطُ**

固 2月

▪ 同 فِبْرَايِرُ

178 □□□ アーザール

**آذَارُ**

固 3月

▪ 同 مَارِسُ

179 □□□ ニーサーン

**نِيسَانُ**

固 4月

▪ 同 أَبْرِيلُ

180 □□□ アイヤール

**أَيَّارُ**

固 5月

▪ 同 مَايُو

181 □□□ ハズィーラーン

**حَزِيرَانُ**

固 6月

▪ 同 يُونِيُو

182 □□□ タンムーズ

**تَمُّوزُ**

固 7月

▪ 同 يُولِيُو

アル＝ヤウム・ッ＝サービウ・ミン・カーヌーニ・ッ＝サーニー・フワ・イードゥ・ミーラーディ・ル＝マスィーフ

**اَلْيَوْمُ ٱلسَّابِعُ مِنْ كَانُونِ ٱلثَّانِي هُوَ عِيدُ مِيلَادِ ٱلْمَسِيحِ.**

1 月 7 日はクリスマスだ。

▶يَوْمٌ 190「日」。سَابِعٌ「第 7 の」。عِيدٌ 357「祭日」。مِيلَادٌ「生誕」。اَلْمَسِيحُ「キリスト（メシア）」

---

フィ・ッ＝サナ・ル＝カビーサ・ユダーフ・ヤウム・ワーヒド・イラー・シュバート

**فِي ٱلسَّنَةِ ٱلْكَبِيسَةِ يُضَافُ يَوْمٌ وَاحِدٌ إِلَى شُبَاطَ.**

うるう年には，2 月に 1 日が加えられる。

▶سَنَةٌ「年」（同 عَامٌ 193）。كَبِيسَةٌ 女「うるう年の」。
يُضَافُ「加えられる」受|3|男|単|未完 <أَضَافَ「加える」Ⅳ。يَوْمٌ 190「日」。وَاحِدٌ「1」

---

カーナティ・ッ＝サナ・タブダウ・フィー・アーザール・フィー・ルーマ・ル＝カディーマ

**كَانَتِ ٱلسَّنَةُ تَبْدَأُ فِي آذَارَ فِي رُومَا ٱلْقَدِيمَةِ.**

古代ローマでは，1 年は 3 月に始まっていた。

▶سَنَةٌ「年」（同 عَامٌ 193）。رُومَا 固|女「ローマ」

---

タブダウ・ッ＝サナ・ル＝マーリイヤ・ミン・ニーサーン・フィ・ル＝ヤーバーン

**تَبْدَأُ ٱلسَّنَةُ ٱلْمَالِيَّةُ مِنْ نِيسَانَ فِي ٱلْيَابَانِ.**

日本では，会計年度は 4 月に始まる。

▶سَنَةٌ「年」（同 عَامٌ 193）。مَالِيَّةٌ 女「お金の」<مَالٌ「お金」（類 نُقُودٌ 437）。اَلْيَابَانُ 211「日本」

---

アル＝ヤウム・ル＝アウワル・ミン・アイヤール・フワ・ヤウム・ル＝ウンマーリ・ル＝アーラミー

**اَلْيَوْمُ ٱلْأَوَّلُ مِنْ أَيَّارَ هُوَ يَوْمُ ٱلْعُمَّالِ ٱلْعَالَمِيُّ.**

5 月 1 日はメーデーだ。

▶يَوْمٌ 190「日」。أَوَّلُ「第1」。عُمَّالٌ 男|複 <عَامِلٌ 男「労働者」。عَالَمِيٌّ「世界の」<عَالَمٌ 223「世界」

---

ラー・トゥージャド・ウトラ・ラスミイヤ・フィー・ハズィーラーン・フィ・ル＝ヤーバーン

**لَا تُوجَدُ عُطْلَةٌ رَسْمِيَّةٌ فِي حَزِيرَانَ فِي ٱلْيَابَانِ.**

日本では 6 月に祝日がない。

▶لَا「～ではない（否定辞）」。تُوجَدُ「見出される，ある／いる」受|3|女|単|未完 <وَجَدَ 371「見つける」。
عُطْلَةٌ「休暇」。رَسْمِيَّةٌ「公式の」女。اَلْيَابَانُ 211「日本」

---

ヤブダウ・タンムーズ・フィー・ナフスィ・ル＝ヤウム・ミナ・ル＝ウスブーウ・ミスラ・ニーサーン

**يَبْدَأُ تَمُّوزُ فِي نَفْسِ ٱلْيَوْمِ مِنَ ٱلْأُسْبُوعِ مِثْلَ نِيسَانَ.**

7 月は 4 月と同じ曜日で始まる。

▶يَوْمٌ 190「日」。أُسْبُوعٌ 191「週」。مِثْلَ「のように」（類 كَـ ... 074）

| 1回目 | 年 月 日 ／7 | 2回目 | 年 月 日 ／7 | 3回目 | 年 月 日 ／7 | 達成率 36 % |
|---|---|---|---|---|---|---|

183 □□□ アーブ

آبُ

固 8月

▪ 同 أَغُسْطُسُ

184 □□□ アイルール

أَيْلُولُ

固 9月

▪ 同 سَبْتَمْبِرُ

185 □□□ ティシュリーヌ・ル=アウワル

تِشْرِينُ ٱلْأَوَّلُ

固 10月

▪ 同 أُكْتُوبِرُ

186 □□□ ティシュリーヌ・ッ=サーニー

تِشْرِينُ ٱلثَّانِي

固 11月

▪ 同 نُوفِمْبِرُ

187 □□□ カーヌーヌ・ル=アウワル

كَانُونُ ٱلْأَوَّلُ

固 12月

▪ 同 دِيسِمْبِرُ

188 □□□ ラマダーン

رَمَضَانُ

固 (ヒジュラ暦) 9月, 断食月

▪ شَعْبَانُ 「(ヒジュラ暦) 8月」

189 □□□ ズ・ル=ヒッジャ

ذُو ٱلْحِجَّةِ

固 (ヒジュラ暦) 12月, 巡礼月

アタアッラム・ッ=ルガ・ル=アラビイヤ・フィ・ッ=ダウラ・ル=ムカッサファ・フィー・アーブ

**أَتَعَلَّمُ ٱللُّغَةَ ٱلْعَرَبِيَّةَ فِي ٱلدَّوْرَةِ ٱلْمُكَثَّفَةِ فِي آبَ.**

私は8月に集中講座でアラビア語を学ぶ。

▶أَتَعَلَّمُ「学ぶ」[1|単|未完|直説]＜تَعَلَّمَ [V]。لُغَةٌ 358「言語」。عَرَبِيَّةٌ「アラビアの」[女]＜عَرَبٌ 224。
دَوْرَةٌ「講座，コース」。مُكَثَّفَةٌ「濃縮された」(受動分詞) [女|II]

ナスタムティウ・ビ=ムシャーハダティ・ル=カマル・フィー・アイルール

**نَسْتَمْتِعُ بِمُشَاهَدَةِ ٱلْقَمَرِ فِي أَيْلُول.**

私たちは9月にお月見を楽しむ。

▶نَسْتَمْتِعُ بِـ ...[1|複|未完]「…を楽しむ」＜اِسْتَمْتَعَ [X]。
مُشَاهَدَةٌ「見ること」(動名詞)＜شَاهَدَ「見る」237。ٱلْقَمَرُ 452「月 (the moon)」

ユカール・インナ・クッラ・ル=アーリハ・ヤズハブーナ・イラー・イズモ・フィー・ティシュリーニ・ル=アウワル

**يُقَالُ إِنَّ كُلَّ ٱلْآلِهَةِ يَذْهَبُونَ إِلَى "إِيزُومُو" فِي تِشْرِينِ ٱلْأَوَّلِ.**

すべての神々が10月に出雲に行くと言われている。

▶يُقَالُ「言われる」[受|3|男|単|未完]＜قَالَ 105。إِنَّ「～ということ (that)」([参] أَنَّ 201)。
آلِهَةٌ [男|複]＜إِلٰهٌ「神」([参] اَللّٰهُ 337)。يَذْهَبُونَ「行く」[3|男|複|未完|直説]＜ذَهَبَ 232

アズンヌ・アンナ・ティシュリーナ・ッ=サーニー・フワ・ミン・アンサビ・ッ=シュフール・リ=ズィヤーラティ・ミスル

**أَظُنُّ أَنَّ تِشْرِينَ ٱلثَّانِي هُوَ مِنْ أَنْسَبِ ٱلشُّهُورِ لِزِيَارَةِ مِصْرَ.**

11月はエジプト訪問に最適な月のひとつだと思います。

▶أَظُنُّ「思う」[1|単|未完|直説]＜ظَنَّ。أَنَّ 201「～ということ (that)」。أَنْسَبُ「より／最も適切な」。
شُهُورٌ [複]＜شَهْرٌ 192「月 (month)」。زِيَارَةٌ「訪問」。مِصْرُ 212「エジプト」

マータト・バーイアトゥ・ル=キブリート・フィ・ル=ヤウミ・ル=ハーディー・ワ=ッ=サラースィーン・ミン・カーヌーニ・ル=アウワル

**مَاتَتْ بَائِعَةُ ٱلْكِبْرِيتِ فِي ٱلْيَوْمِ ٱلْحَادِي وَٱلثَّلَاثِينَ مِنْ كَانُونِ ٱلْأَوَّلِ.**

マッチ売りの少女は12月31日に死んだ。

▶مَاتَتْ「死ぬ」[3|女|単|完]＜مَاتَ 392。بَائِعَةٌ「売り子」[女]。كِبْرِيتٌ「マッチ」。يَوْمٌ 190「日」。
ٱلْحَادِي وَٱلثَّلَاثِينَ「第31」[男|属]

ヤジーウ・イードゥ・ル=フィトル・バアダ・スィヤーム・シャハル・ラマダーン

**يَجِيءُ عِيدُ ٱلْفِطْرِ بَعْدَ صِيَامِ شَهْرِ رَمَضَان.**

断食明けの祝祭（イード・アル=フィトル）はラマダーン月の断食のあとに来る。

▶يَجِيءُ「来る」[3|男|単|未完|直説]＜جَاءَ 233。عِيدٌ 357「祭日」。فِطْرٌ「断食明け」。صِيَامٌ「断食」。
شَهْرٌ 192「月 (month)」

ヤズール・ル=フッジャージュ・マッカ・フィー・ズィ・ル=ヒッジャ

**يَزُورُ ٱلْحُجَّاجُ مَكَّةَ فِي ذِي ٱلْحِجَّةِ.**

巡礼者たちはズ・ル=ヒッジャにメッカを訪れる。

▶يَزُورُ「訪ねる」[3|男|単|未完|直説]＜زَارَ 238。حُجَّاجٌ [男|複]＜حَاجٌّ「巡礼者」([参] حَجٌّ 343)。
مَكَّةُ「メッカ」

| 1回目 | 年 月 日 ／7 | 2回目 | 年 月 日 ／7 | 3回目 | 年 月 日 ／7 | 達成率 38 % |
|---|---|---|---|---|---|---|

190 ヤウム

# يَوْمٌ

名|男 日

- 複 أَيَّامٌ

191 ウスブーウ

# أُسْبُوعٌ

名|男 週

- 複 أَسَابِيعُ

192 シャハル

# شَهْرٌ

名|男 月（month）

- 複 شُهُورٌ, أَشْهُرٌ
- فَصْلٌ 男「季節」 رَبِيعٌ 男「春」 صَيْفٌ 男「夏」 خَرِيفٌ 男「秋」 شِتَاءٌ 男「冬」

193 アーム

# عَامٌ

名|男 年（year）

- 複 أَعْوَامٌ
- 同 女 سَنَةٌ
- عَامٌّ「一般的な」

194 サーア

# سَاعَةٌ

名|女 時間（hour）；時計

- 複 سَاعَاتٌ
- وَقْتٌ 男「時，時間」
- زَمَنٌ 男「時，時間；時期」

195 ダキーカ

# دَقِيقَةٌ

名|女 分

- 複 دَقَائِقُ
- ثَانِيَةٌ 女「秒」

196 アル＝アーン

# اَلْآنَ

副 今（語尾不変化）

- حَالِيًا 副「目下」

ヤブダウ・ル=ヤウム・ミン・ワクティ・ル=マグリブ・フィー・ガルブ・アースィヤー

**يَبْدَأُ ٱلْيَوْمُ مِنْ وَقْتِ ٱلْمَغْرِبِ فِي غَرْبِ آسِيَا.**

西アジアでは 1 日は日没時に始まる。

▶ وَقْتٌ「時，時間」(参 سَاعَةٌ 194)。ٱلْمَغْرِبُ 215「日没時」。غَرْبٌ 228「西」。آسِيَا「アジア」

---

カーナ・ル=ウスブーウ・フィー=ヒ・アシャラトゥ・アイヤーム・フィ・ッ=タクウィーミ・ル=ジュムフーリーイ・ル=ファランスィー

**كَانَ ٱلْأُسْبُوعُ فِيهِ عَشَرَةُ أَيَّامٍ فِي ٱلتَّقْوِيمِ ٱلْجُمْهُورِيِّ ٱلْفَرَنْسِيِّ.**

フランス革命暦では，1 週間は 10 日あった。

▶ عَشَرَةٌ「10」(男 に用いる)。أَيَّامٌ 複 < يَوْمٌ 190。تَقْوِيمٌ「暦」。جُمْهُورِيٌّ「共和制の」。
فَرَنْسِيٌّ「フランスの」< فَرَنْسَا「フランス」

---

ラカディ・シュタライトゥ・ル=キターブ・フィ・ッ=シャハリ・ル=マーディー・ワラーキン=ニー・ラム・アクラッ=フ・バアド

**لَقَدِ ٱشْتَرَيْتُ ٱلْكِتَابَ فِي ٱلشَّهْرِ ٱلْمَاضِي وَلٰكِنِّي لَمْ أَقْرَأْهُ بَعْدُ.**

私はその本を先月買ったが，まだ読んでいなかった。

▶ لَقَدْ「既に」。اِشْتَرَيْتُ「買う」1|単|完 < اِشْتَرَى 271。كِتَابٌ 469「本」。ٱلْمَاضِي < مَاضٍ「過ぎ去った，先～」。وَلٰكِنِّي < وَلٰكِنَّ 199「しかし」+ نِي「私」(参 019)。لَمْ「～しなかった（否定辞）」。بَعْدُ「まだ（否定文で）」

---

フィ・ル=アーミ・ル=カーディム・サ=アズハブ・イラー・サラル・ドゥ・ウユニ・ワ=アーフズ・スワラン・カスィーラ

**فِي ٱلْعَامِ ٱلْقَادِمِ سَأَذْهَبُ إِلَى "سَالَارْ دُو أُويُونِي" وَآخُذُ صُوَرًا كَثِيرَةً.**

来年，私はウユニ塩原に行って，写真をたくさん撮るぞ。

▶ قَادِمٌ「次の，来たる」。سَـ...「～だろう（未来）」。أَذْهَبُ「行く」1|単|未完|直説 < ذَهَبَ 232。
صُوَرٌ 複 < صُورَةٌ 483「写真」

---

ダバットゥ・ッ=サーア・ル=ムナッビハ・アラ・ッ=サーディサ

**ضَبَطْتُ ٱلسَّاعَةَ ٱلْمُنَبِّهَةَ عَلَى ٱلسَّادِسَةِ.**

私は目覚まし時計を 6 時にセットした。

▶ ضَبَطْتُ「調整する」1|単|完 < ضَبَطَ。مُنَبِّهَةٌ「目覚ましの」女。سَادِسَةٌ「第6の」女

---

インタズィル・ダキーカ・ミン・ファドリ=カ

**اِنْتَظِرْ دَقِيقَةً مِنْ فَضْلِكَ.**

ちょっと（1 分間）待ってください。

▶ اِنْتَظِرْ「待つ」男|単|命令 < اِنْتَظَرَ VIII。مِنْ فَضْلِكَ「(男|単 に対して) どうか」

---

カミ・ッ=サーア・ル=アーン

**كَمِ ٱلسَّاعَةُ ٱلْآنَ؟**

今，何時ですか。

| 1回目 | 年　月　日 / 7 | 2回目 | 年　月　日 / 7 | 3回目 | 年　月　日 / 7 | 達成率 39 % |
|---|---|---|---|---|---|---|

197 □□□ ワ
**وَ**
接 ～と～；そして
（厳密には順番を示さない）
- 類 فَـ ...「そして，すると」（順番を示す。両者間の間隔が近い）
- 類 ثُمَّ「そして」（順番を示す。両者間の間隔が遠い）

198 □□□ アウ
**أَوْ**
接 あるいは
- 同 أَمْ（選択疑問文にも良く使われる）

199 □□□ ワラーキンナ
**وَلٰكِنَّ**
接 しかし（後続する主語を 対 にする）
- بَلْ「（主に否定文のあとで）～ではなくて」

200 □□□ リアンナ
**لِأَنَّ**
接 なぜならば（後続する主語を 対 にする）

201 □□□ アンナ
**أَنَّ**
接 ～ということ（that...）
（後続する主語を 対 にする）
- إِنَّ（قَالَ「言う」105 に使う。および名詞文を導く）（後続する主語を 対 にする）

202 □□□ インダマー
**عِنْدَمَا**
接 ～した／するとき
- 同 لَمَّا

203 □□□ リカイ
**لِكَيْ**
接 ～するために
- 同 كَيْ ， لِـ ...
- 動詞の 未完｜接続 が後続。
- 反 كَيْلَا「～しないために」

タサッラカ・ハラム・フーフー・フィー・ミスル・ワ=ハラマ・ッ=シャムス・フィ・ル=マクスィーク

**تَسَلَّقَ هَرَمَ خُوفُو فِي مِصْرَ وَهَرَمَ ٱلشَّمْسِ فِي ٱلْمَكْسِيكِ.**

彼はエジプトでクフ王のピラミッドに，そしてメキシコで太陽のピラミッドに登った。

▶ تَسَلَّقَ Ⅴ「登る」。هَرَمٌ「ピラミッド」。مِصْرُ 212「エジプト」。اَلشَّمْسُ 451「太陽」女。اَلْمَكْسِيكُ「メキシコ」

---

ラアイトゥ=ハー・カブラ・ヤウマイン・アウ・サラーサ

**رَأَيْتُهَا قَبْلَ يَوْمَيْنِ أَوْ ثَلَاثَةٍ.**

私は２～３日前に彼女を見た。

▶ يَوْمَيْنِ 双|属 < يَوْمٌ 190。ثَلَاثَةٌ「3」（男に用いる）

---

アル=ガドゥ・フワ・ル=マウイドゥ・ル=アヒール・ワラーキンナ=フ・ラム・ユンヒ・キターバタ・ッ=タクリール・バアド

**اَلْغَدُ هُوَ ٱلْمَوْعِدُ ٱلْأَخِيرُ وَلٰكِنَّهُ لَمْ يُنْهِ كِتَابَةَ ٱلتَّقْرِيرِ بَعْدُ.**

明日は締め切りだが，彼はまだレポートを書き上げていなかった。

▶ غَدٌ「明日」。مَوْعِدٌ「約束の時刻，期日」。أَخِيرٌ「最後の」。لَمْ「～しなかった（否定辞）」。يُنْهِ「終える」3|男|単|未完|要求 < أَنْهَى Ⅳ。كِتَابَةٌ「書くこと」。تَقْرِيرٌ「レポート」。بَعْدُ「まだ（否定文で）」

---

ヤズハブ・イラ・ル=ハンマーム・マッラート・イッダ・リアンナ・インダ=フ・イスハーラン

**يَذْهَبُ إِلَى ٱلْحَمَّامِ مَرَّاتٍ عِدَّةً لِأَنَّ عِنْدَهُ إِسْهَالًا.**

彼は何度もトイレに行く。なぜなら彼は下痢をしているから。

▶ يَذْهَبُ「行く」3|男|単|未完|直説 < ذَهَبَ 232。مَرَّاتٍ 複|対 < مَرَّةٌ「回」対（副詞的な用法）。عِدَّةٌ 女「いくつかの」。إِسْهَالٌ「下痢」（反 إِمْسَاكٌ「便秘」）

---

アアタキドゥ・アンナ・リ=ムティハーナ・ン=ニハーイー・ライサ・サアバン・アライ=ナー

**أَعْتَقِدُ أَنَّ ٱلِامْتِحَانَ ٱلنِّهَائِيَّ لَيْسَ صَعْبًا عَلَيْنَا.**

期末試験は我々にとって難しくないと思う。

▶ أَعْتَقِدُ「思う」1|単|未完|直説 < اِعْتَقَدَ Ⅷ。نِهَائِيٌّ「最終の」

---

インダマー・ワサルトゥ・イラー・サブタ・アカルトゥ・ラハマ・ヒンズィール

**عِنْدَمَا وَصَلْتُ إِلَى سَبْتَةَ أَكَلْتُ لَحْمَ خِنْزِيرٍ.**

私はセウタに着いたとき，豚肉を食べた。

▶ وَصَلْتُ「到着する」1|単|完 < وَصَلَ 269。سَبْتَةُ「セウタ（飛び地のスペイン領）」固。أَكَلْتُ「食べる」1|単|完 < أَكَلَ 297。لَحْمٌ 276「肉」。خِنْزِيرٌ「豚」

---

サ=アズハブ・イラ・ッ=スィファーラ・リカイ・アトルバ・タアシーラ

**سَأَذْهَبُ إِلَى ٱلسِّفَارَةِ لِكَيْ أَطْلُبَ تَأْشِيرَةً.**

私はビザの申請をするために大使館に行く。

▶ ...سَـ「～だろう（未来）」。أَذْهَبُ「行く」1|単|未完|直説 < ذَهَبَ 232。سِفَارَةٌ 259「大使館」。أَطْلُبَ「求める」1|単|未完|接続 < طَلَبَ 270。تَأْشِيرَةٌ「査証」（参 جَوَازُ ٱلسَّفَرِ 262）

| 1回目 | 年　月　日 | 2回目 | 年　月　日 | 3回目 | 年　月　日 | 達成率 |
|---|---|---|---|---|---|---|
| | ／7 | | ／7 | | ／7 | 40 % |

204 アイダン
أَيْضًا
副 ～もまた

205 ファカト
فَقَطْ
副 たった～だけ

206 マサラン
مَثَلًا
副 例えば
▪ مَثَلٌ 男「例」

207 タブアン
طَبْعًا
副 もちろん

208 アル=ヤウム
اَلْيَوْمَ
副 今日

209 ガダン
غَدًا
副 明日
▪ بَعْدَ غَدٍ「あさって」

210 アムス
أَمْسِ
副 昨日
▪ أَوَّلَ أَمْسِ「おととい」

トゥージャド・アハラーマート・フィ・ル=マクスィーク・アイダン

**تُوجَدُ أَهْرَامَاتٌ فِي ٱلْمَكْسِيكِ أَيْضًا.**

メキシコにもピラミッドがある。

▶تُوجَدُ「ある，いる」3|女|単|未完|受 <وَجَدَ 371「見つける」。أَهْرَامَاتٌ 複 <هَرَمٌ「ピラミッド」。ٱلْمَكْسِيكُ「メキシコ」

スーラトゥ・ル=イフラース・タタカウワン・ミン・アルバイ・アーヤート・ファカト

**سُورَةُ ٱلْإِخْلَاصِ تَتَكَوَّنُ مِنْ أَرْبَعِ آيَاتٍ فَقَطْ.**

イフラース章（クルアーン112章）はたったの4節から成り立っている。

▶سُورَةٌ「(クルアーンの) 章」。إِخْلَاصٌ「誠実」。... تَتَكَوَّنُ مِنْ「…から構成される」3|女|単|未完|直説 <تَكَوَّنَ V。أَرْبَعٌ「4」(女に用いる)。آيَاتٌ 複 <آيَةٌ「(クルアーンの) 節」

ヌリードゥ・アン・ヌジャッリバ・タアーマン・ルブナーニイヤン，マサラン・クッバ・ニーア

**نُرِيدُ أَنْ نُجَرِّبَ طَعَامًا لُبْنَانِيًّا، مَثَلًا كُبَّةً نِيئَةً.**

私たちはレバノン料理を試してみたい。例えばクッベ・ナイエを。

▶نُرِيدُ「欲する」1|複|未完|直説 <أَرَادَ 491。أَنْ 496「～すること」。نُجَرِّبَ「試みる」1|複|未完|接続 <جَرَّبَ II。طَعَامٌ 295「食べ物」。لُبْنَانِيٌّ「レバノンの」<لُبْنَانُ「レバノン」。كُبَّةٌ نِيئَةٌ「生の挽肉料理」

タブアン・タタシャーバフ・ル=カワーイドゥ・ル=イブリイヤ・ワ=ル=カワーイドゥ・ル=アラビイヤ

**طَبْعًا تَتَشَابَهُ ٱلْقَوَاعِدُ ٱلْعِبْرِيَّةُ وَٱلْقَوَاعِدُ ٱلْعَرَبِيَّةُ.**

もちろん，ヘブライ語の文法とアラビア語の文法は互いに似ている。

▶تَتَشَابَهُ「互いに似る」3|女|単|未完|直説 <تَشَابَهَ VI。قَوَاعِدُ 複「文法」。عِبْرِيَّةٌ「ヘブライ語の」女。عَرَبِيَّةٌ「アラビア語の」女 <عَرَبٌ 224「アラブ」

アタハッダス・マア・ワーリディ・ル=ヤウム・ビ=ッ=ザート

**أَتَحَدَّثُ مَعَ وَالِدِي ٱلْيَوْمَ بِٱلذَّاتِ.**

今日こそ，父親と話をする。

▶أَتَحَدَّثُ「話す」1|単|未完|直説 <تَحَدَّثَ V（参 تَكَلَّمَ 365）。وَالِدٌ「親」男。بِٱلذَّاتِ「他ならぬ」

ヤジブ・アライ=ヒ・アン・ユカッディマ・ッ=タクリール・ガダン

**يَجِبُ عَلَيْهِ أَنْ يُقَدِّمَ ٱلتَّقْرِيرَ غَدًا.**

彼は明日，レポートを提出しなければならない。

▶يَجِبُ 495「義務である」3|男|単|未完。أَنْ 496「～すること」。يُقَدِّمَ「提出する」3|男|単|未完|接続 <قَدَّمَ II。تَقْرِيرٌ「レポート」

ライタ=ニー・アンハイトゥ・キターバタ・ッ=タクリール・アムスィ

**لَيْتَنِي أَنْهَيْتُ كِتَابَةَ ٱلتَّقْرِيرِ أَمْسِ.**

昨日，レポートを書き終えれば良かった。

▶لَيْتَ「～だったらなあ」接（後続する主語は対）。أَنْهَيْتُ「終える」1|単|完 <أَنْهَى IV。كِتَابَةٌ「書くこと」。تَقْرِيرٌ「レポート」

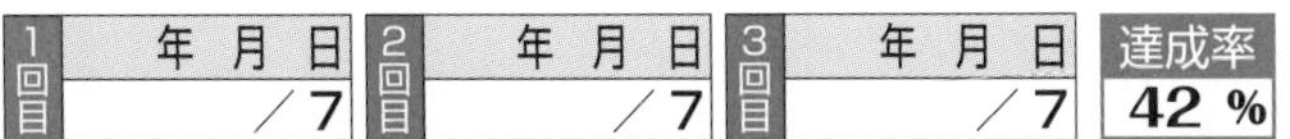

| 1回目 | 年 月 日 ／7 | 2回目 | 年 月 日 ／7 | 3回目 | 年 月 日 ／7 | 達成率 42 % |
|---|---|---|---|---|---|---|

211 アル＝ヤーバーン
**اَلْيَابَانُ**
固|女 日本
- كُورِيَا 女「コリア（北朝鮮／韓国）」
- اَلصِّينُ 女「中国」
- طُوكِيُو 女「東京」

212 ミスル
**مِصْرُ**
固|女 エジプト
- لِيبِيَا 女「リビア」
- اَلسُّودَانُ 女「スーダン」

213 アッ＝スウーディイヤ
**اَلسُّعُودِيَّةُ**
固|女 サウジアラビア
- مَكَّةُ 女「メッカ」

214 カタル
**قَطَرُ**
固|女 カタール

215 アル＝マグリブ
**اَلْمَغْرِبُ**
固|男 モロッコ；マグレブ地方；日没の場所／時
- تُونِسُ 女「チュニジア」
- اَلْجَزَائِرُ 女「アルジェリア」

216 フィラスティーン
**فِلَسْطِينُ**
固|女 パレスチナ

217 アル＝イマーラート
**اَلْإِمَارَاتُ**
固|女 U.A.E.
- اَلْبَحْرَيْنِ 女「バーレーン」

アル=ヤーバーン・タタカウワン・ミン・アクサル・ミン・スィッタティ・アーラーフ・ジャズィーラ

**ٱلْيَابَانُ تَتَكَوَّنُ مِنْ أَكْثَرَ مِنْ سِتَّةِ آلَافِ جَزِيرَةٍ.**

日本は6,000を超える島々から構成されている。

▶ تَتَكَوَّنُ مِنْ ...「…から構成される」3|女|単|未完|直説 < تَكَوَّنَ Ⅴ。أَكْثَرُ「より多い（比較級）」< كَثِيرٌ 154「多い」。سِتَّةٌ「6」（男に用いる）。آلَافٌ 複 < أَلْفٌ「千」。جَزِيرَةٌ 447「島」

---

ミスル・ヒバトゥ・ン=ニール

**مِصْرُ هِبَةُ ٱلنِّيلِ.**

エジプトはナイルの賜物。

▶ هِبَةٌ「賜物」。اَلنِّيلُ「ナイル」

---

マッカ・ル=ムカッラマ・ワ=ル=マディーナ・ル=ムナウワラ・キルターニフマー・フィ・ッ=スウーディイヤ

**مَكَّةُ ٱلْمُكَرَّمَةُ وَٱلْمَدِينَةُ ٱلْمُنَوَّرَةُ كِلْتَاهُمَا فِي ٱلسُّعُودِيَّةِ.**

聖なるメッカと光あるメディナは両方ともサウジアラビアにある。

▶ مَكَّةُ「メッカ」。مُكَرَّمَةٌ「尊ばれる」女。اَلْمَدِينَةُ「メディナ」< مَدِينَةٌ 421「町」。مُنَوَّرَةٌ「光の」女。كِلْتَا「両者とも」女|主。هُمَا「それら2つ」（参 هُوَ 007）

---

ユシャッギルーン・アジュヒザタ・ッ=タクイーフ・ライラン・ワ=ナハーラン・フィー・カタル・ビ=サバビ・ッ=ルトゥーバ・ル=アーリヤ

**يُشَغِّلُونَ أَجْهِزَةَ ٱلتَّكْيِيفِ لَيْلًا وَنَهَارًا فِي قَطَرَ بِسَبَبِ ٱلرُّطُوبَةِ ٱلْعَالِيَةِ.**

カタールでは高湿度のため，昼も夜もエアコンを付けている。

▶ يُشَغِّلُونَ「作動させる」3|男|複|未完|直説 < شَغَّلَ Ⅱ。أَجْهِزَةٌ 複 < جِهَازٌ「装置」。تَكْيِيفٌ「調整」。لَيْلًا وَنَهَارًا「昼も夜も」。سَبَبٌ「理由」。رُطُوبَةٌ「湿度」。عَالِيَةٌ「高い」女 < عَالٍ 男

---

アースィマトゥ・ル=マグリブ・ライサティ・ッ=ダーラ・ル=バイダーッ・バリ・ッ=リバート

**عَاصِمَةُ ٱلْمَغْرِبِ لَيْسَتِ ٱلدَّارَ ٱلْبَيْضَاءَ بَلِ ٱلرِّبَاطُ.**

モロッコの首都はカサブランカではなくラバトだ。

▶ عَاصِمَةٌ「首都」。دَارٌ 女「家，館」（類 بَيْتٌ 106）。اَلدَّارُ ٱلْبَيْضَاءُ「カサブランカ」固。بَلْ「～ではなくて」（参 وَلٰكِنَّ 199）。اَلرِّبَاطُ「ラバト」固

---

フィラスティーン・ダウラ・ウドワ・フィー・ジャーミアティ・ッ=ドゥウワリ・ル=アラビイヤ

**فِلَسْطِينُ دَوْلَةٌ عُضْوَةٌ فِي جَامِعَةِ ٱلدُّوَلِ ٱلْعَرَبِيَّةِ.**

パレスチナはアラブ連盟の加盟国だ。

▶ دَوْلَةٌ「国家」。عُضْوَةٌ「メンバー」女。جَامِعَةٌ「連盟」（参 128「大学」）。دُوَلٌ 複 < دَوْلَةٌ 単。عَرَبِيَّةٌ「アラビアの」女 < عَرَبٌ 224「アラブ」

---

アル=イマーラートゥ・ダウラ・ッティハーディイヤ・タタカウワン・ミン・サブイ・イマーラート

**ٱلْإِمَارَاتُ دَوْلَةٌ ٱتِّحَادِيَّةٌ تَتَكَوَّنُ مِنْ سَبْعِ إِمَارَاتٍ.**

U.A.E. は7つの首長国から構成される連邦国家だ。

▶ دَوْلَةٌ「国家」。اِتِّحَادِيَّةٌ「連邦の」女。... تَتَكَوَّنُ مِنْ「…から構成される」3|女|単|未完|直説 < تَكَوَّنَ Ⅴ。سَبْعٌ「7」（女に用いられる）。إِمَارَاتٌ 複 < إِمَارَةٌ 単「首長国」

| 1回目 | 年　月　日 | 2回目 | 年　月　日 | 3回目 | 年　月　日 | 達成率 |
|---|---|---|---|---|---|---|
| | ／7 | | ／7 | | ／7 | 43 % |

218 スーリヤー

سُورِيَا

固|女 シリア

- 同 سُورِيَّةُ

219 アル＝ヤマン

اَلْيَمَنُ

固|男女 イエメン

- عُمَانُ 女「オマーン」
- ヨルダンの首都は عَمَّانُ 女「アンマン」

220 アル＝イラーク

اَلْعِرَاقُ

固|男 イラク（稀に女）

221 アル＝クワイト

اَلْكُوَيْتُ

固|女 クウェート

222 アル＝ウルドゥン

اَلْأُرْدُنُّ

固|男女 ヨルダン

- لُبْنَانُ 男女「レバノン」

223 アーラム

عَالَمٌ

名|男 世界

- اَلدُّنْيَا「世界, 現世」女
- بَلَدٌ「国, 地方」男 > بِلَادٌ「国」女
- دَوْلَةٌ「国家」女

224 アラブ

عَرَبٌ

名|集 アラブ人

- عَرَبِيٌّ 男|単「アラブ人1人；アラブの」

スーリヤー・マハドゥ・ル=ハダーラ

**سُورِيَا مَهْدُ ٱلْحَضَارَةِ.**

シリアは文明の揺り籠。

▶مَهْدٌ「揺り籠」。حَضَارَةٌ 464「文明」

---

アル=アラビイヤ・ッ=サイーダ・スム・ラーティーニ・スタフディマ・リ=ワスフィ・ル=ヤマン

**"ٱلْعَرَبِيَّةُ ٱلسَّعِيدَةُ" ٱسْمٌ لَاتِينِيٌّ ٱسْتُخْدِمَ لِوَصْفِ ٱلْيَمَنِ.**

「幸福のアラビア」はイエメンを表すために使われたラテン語の名前だ。

▶عَرَبِيَّةٌ「アラビアの」[女] < عَرَبٌ 224「アラブ」。سَعِيدَةٌ 400「幸せな」[女]。لَاتِينِيٌّ「ラテンの」。
اُسْتُخْدِمَ「使われた」[受|3|男|単|完] < اِسْتَخْدَمَ [X]「使う」。وَصْفٌ「描写」

---

バービル・マウキウ・ミン・マワーキイ・ッ=トゥラースィ・ル=アーラミー・フィ・ル=イラーク

**بَابِلُ مَوْقِعٌ مِنْ مَوَاقِعِ ٱلتُّرَاثِ ٱلْعَالَمِيِّ فِي ٱلْعِرَاقِ.**

バビロンはイラクの世界遺産のひとつだ。

▶بَابِلُ「バビロン」[固]。مَوْقِعٌ「位置，場所」< مَوَاقِعُ [複]。تُرَاثٌ「遺産」。
عَالَمِيٌّ「世界の」< عَالَمٌ 223「世界」

---

アタマンナー・アン・アハスラ・アラー・ミンハ・ミン・フクーマティ・ル=クワイト

**أَتَمَنَّى أَنْ أَحْصُلَ عَلَى مِنْحَةٍ مِنْ حُكُومَةِ ٱلْكُوَيْتِ.**

クウェート政府の奨学金が取りたい。

▶أَتَمَنَّى「願う」[1|単|未完|直説] < تَمَنَّى 493。أَنْ 496「〜すること」。... أَحْصُلَ عَلَى「…を得る」[1|単|未完|接続] < حَصَلَ (参 أَخَذَ 162)。مِنْحَةٌ「奨学金」。حُكُومَةٌ「政府」

---

ヤカウ・ル=バハル・ル=マイイト・バイナ・ル=ウルドゥン・ワ=イスラーイール

**يَقَعُ ٱلْبَحْرُ ٱلْمَيِّتُ بَيْنَ ٱلْأُرْدُنِّ وَإِسْرَائِيلَ.**

死海はヨルダンとイスラエルの間に位置する。

▶يَقَعُ「位置する；落ちる」[3|男|単|未完|直説] < وَقَعَ。بَحْرٌ 442「海」。مَيِّتٌ「死んだ」。
ٱلْبَحْرُ ٱلْمَيِّتُ「死海」[固]。إِسْرَائِيلُ「イスラエル」[固]

---

フナーカ・ルガート・ムフタリファ・フィ・ル=アーラム

**هُنَاكَ لُغَاتٌ مُخْتَلِفَةٌ فِي ٱلْعَالَمِ.**

世界にはさまざまな言語がある。

▶لُغَاتٌ「言語」[複] < لُغَةٌ 358 [単]。مُخْتَلِفَةٌ 368「異なる」[女]

---

ライサ・クッル・ル=アラブ・ムスリミーン

**لَيْسَ كُلُّ ٱلْعَرَبِ مُسْلِمِينَ.**

すべてのアラブ人がイスラーム教徒なのではない。

▶مُسْلِمِينَ「イスラーム教徒」[男|複|対] < مُسْلِمٌ 344

| 1回目 | 年 月 日 ／7 | 2回目 | 年 月 日 ／7 | 3回目 | 年 月 日 ／7 | 達成率 44 % |
|---|---|---|---|---|---|---|

225 シャマール
شَمَالٌ
名|男 北

226 ジャヌーブ
جَنُوبٌ
名|男 南

227 シャルク
شَرْقٌ
名|男 東
- اَلشَّرْقُ ٱلْأَوْسَطُ「中東」
- اَلشَّرْقُ ٱلْأَدْنَى「近東」
- اَلشَّرْقُ ٱلْأَقْصَى「極東」

228 ガルブ
غَرْبٌ
名|男 西

229 ヤミーン
يَمِينٌ
名|女 右
- أَيْمَنُ 形|男「右の」
- يُمْنَى 形|女「右の」

230 ヤサール
يَسَارٌ
名|男 左
- 同 شِمَالٌ
- أَيْسَرُ 形|男「左の」
- يُسْرَى 形|女「左の」

231 マカーン
مَكَانٌ
名|男 場所
- مِنْطَقَةٌ「地域」女

ガーリバン・シャマール・アフリーキヤー・ユウタバル・ジュズアン・ミナ・ッ=シャルキ・ル=アウサト

غَالِبًا **شَمَالُ** أَفْرِيقِيَا يُعْتَبَرُ جُزْءًا مِنَ ٱلشَّرْقِ ٱلْأَوْسَطِ.

概して，北アフリカは中東の一部とみなされる。

▶غَالِبًا「概して」。أَفْرِيقِيَا「アフリカ」。يُعْتَبَرُ「みなされる」受|3|男|単|未完 <اِعْتَبَرَ Ⅷ「みなす」。جُزْءٌ「部分，一部」。اَلشَّرْقُ ٱلْأَوْسَطُ「中東」(参 شَرْقٌ 227)

---

マー・ラアユ=カ・フィー・ハーズィヒ・ル=グルファ・ル=ムワージハ・リ=ル=ジャヌーブ

مَا رَأْيُكَ فِي هٰذِهِ ٱلْغُرْفَةِ ٱلْمُوَاجِهَةِ لِلْ**جَنُوبِ**؟

この南向きの部屋をどう思いますか。

▶رَأْيٌ 487「意見」。مُوَاجِهَةٌ「面している」女

---

インナ・ッ=シャムサ・トゥシュリク・ミナ・ッ=シャルク・ワ=タグルブ・フィ・ル=ガルブ

إِنَّ ٱلشَّمْسَ تُشْرِقُ مِنَ ٱل**شَّرْقِ** وَتَغْرُبُ فِي ٱلْغَرْبِ.

太陽は東から昇り，西に沈む。

▶إِنَّ 名詞文を導く<接 (参 أَنَّ 201)。اَلشَّمْسُ 451「太陽」女。تُشْرِقُ「(日が) 昇る」3|女|単|未完|直説 <أَشْرَقَ Ⅳ。تَغْرُبُ「(日が) 沈む」3|女|単|未完|直説 <غَرَبَ。غَرْبٌ 228「西」

---

アッ=ディッファ・ル=ガルビイヤ・ミンタカ・タカウ・フィー・ガルビ・ナハリ・ル=ウルドゥン

اَلضِّفَّةُ ٱلْغَرْبِيَّةُ مِنْطَقَةٌ تَقَعُ فِي **غَرْبِ** نَهْرِ ٱلْأُرْدُنِّ.

西岸とは，ヨルダン川の西に位置する地域だ。

▶ضِفَّةٌ「川岸」女。غَرْبِيَّةٌ「西の」女。مِنْطَقَةٌ「地域」。
تَقَعُ「位置する；落ちる」3|女|単|未完|直説 <وَقَعَ。نَهْرٌ 443「川」

---

インアティフ・イラ・ル=ヤミーン・インダ・イシャーラティ・ル=ムルール

اِنْعَطِفْ إِلَى ٱلْ**يَمِينِ** عِنْدَ إِشَارَةِ ٱلْمُرُورِ.

信号のところで右に曲がってください。

▶اِنْعَطِفْ「曲がる」男|単|命令 <اِنْعَطَفَ Ⅶ。إِشَارَةٌ 426「信号」。مُرُورٌ「交通」

---

インアティフ・イラ・ル=ヤサール・インダ・ッ=タカートゥイ・ッ=ターリー

اِنْعَطِفْ إِلَى ٱلْ**يَسَارِ** عِنْدَ ٱلتَّقَاطُعِ ٱلتَّالِي.

次の交差点で左に曲がってください。

▶اِنْعَطِفْ「曲がる」男|単|命令 <اِنْعَطَفَ Ⅶ。تَقَاطُعٌ「交差点」。اَلتَّالِي「次の，続く」<تَالٍ

---

アイナ・マカーン・リルティカーッ

أَيْنَ **مَكَانُ** ٱلِٱلْتِقَاءِ؟

待ち合わせ場所はどこですか。

▶اِلْتِقَاءٌ「会うこと」<اِلْتَقَى「会う」Ⅷ

232 ザハバ

# ذَهَبَ

[動] 行く

- [未完] يَذْهَبُ

233 ジャーア

# جَاءَ

[動] 来る

- [未完] يَجِيءُ
- [完|1|単] جِئْتُ
- [命令|男|単] تَعَالَ（جِئْ よりよく使われる）
- [類] أَتَى

234 ラキバ

# رَكِبَ

[動] 乗る

- [未完] يَرْكَبُ

235 サーファラ

# سَافَرَ

[動|派|III] 旅行する

- [未完] يُسَافِرُ

236 ガーダラ

# غَادَرَ

[動|派|III] 去る

- [未完] يُغَادِرُ

237 シャーハダ

# شَاهَدَ

[動|派|III] 見る，見物する

- [未完] يُشَاهِدُ

238 ザーラ

# زَارَ

[動] 訪ねる

- [未完] يَزُورُ
- [完|1|単] زُرْتُ

ザハバ・マア・ッ=リーハ

**ذَهَبَ مَعَ ٱلرِّيحِ.**

風と共に去りぬ。

▶ رِيحٌ「風」(㊀ هَوَاءٌ 455)

ラー・ヤルフド・マン・ヤジーウ・ワ=ラー・ヤタタッバウ・マン・ヤンサリフ

**لَا يَرْفُضُ مَنْ يَجِيءُ وَلَا يَتَتَبَّعُ مَنْ يَنْصَرِفُ.**

彼は来る者を拒まず，去る者を追わない。

▶ لَا「〜しない(否定辞)」。يَرْفُضُ「拒む」3|男|単|未完|直説 < رَفَضَ。مَنْ「〜する者」(関係詞)。يَتَتَبَّعُ「追跡する」3|男|単|未完|直説 < تَتَبَّعَ V。يَنْصَرِفُ「立ち去る」3|男|単|未完|直説 < اِنْصَرَفَ VII

ラキブトゥ・ル=ジャマル・ワ=タファッラジュトゥ・アラ・ル=アハラーマート

**رَكِبْتُ ٱلْجَمَلَ وَتَفَرَّجْتُ عَلَى ٱلْأَهْرَامَاتِ.**

ラクダに乗り，ピラミッド見物をした。

▶ جَمَلٌ 331「ラクダ」。تَفَرَّجْتُ عَلَى ...「…を見物する」1|単|完 < تَفَرَّجَ V。
أَهْرَامَاتٌ 複 < هَرَمٌ「ピラミッド」

ランマー・サーファルトゥ・イラ・ル=ヤマン・アアジャバトゥ=ニー・ジャズィーラトゥ・スクトラー

**لَمَّا سَافَرْتُ إِلَى ٱلْيَمَنِ أَعْجَبَتْنِي جَزِيرَةُ سُقُطْرَى.**

イエメンに旅行に行ったとき，私はソコトラ島が気に入った。

▶ لَمَّا「〜したとき」(同 عِنْدَمَا 202)。أَعْجَبَتْ「魅了する」3|女|単|完 < أَعْجَبَ IV。
جَزِيرَةٌ 447「島」

ガーダラティ・ッ=ターイラ・サンアーッ・イラ・ッ=ダウハ

**غَادَرَتِ ٱلطَّائِرَةُ صَنْعَاءَ إِلَى ٱلدَّوْحَةِ.**

飛行機はドーハに向けてサヌアを発った。

▶ طَائِرَةٌ 242「飛行機」。صَنْعَاءُ「サヌア(イエメン)」固。اَلدَّوْحَةُ「ドーハ(カタール)」固

ウリードゥ・アン・ウシャーヒダ・フィルマン・ミスリイヤン・クーミーディーヤン

**أُرِيدُ أَنْ أُشَاهِدَ فِيلْمًا مِصْرِيًّا كُومِيدِيًّا.**

私はエジプトのコメディ映画が見たい。

▶ أُرِيدُ「欲する」1|単|未完|直説 < أَرَادَ 491。أَنْ 496「〜すること」。فِيلْمٌ 473「映画」。
مِصْرِيٌّ「エジプトの」< مِصْرُ 212。كُومِيدِيٌّ「コメディの」

ズルナー・カブラ・アーイラティ=ナー・フィー・ヤウミ・ッ=サブティ・ル=マーディー

**زُرْنَا قَبْرَ عَائِلَتِنَا فِي يَوْمِ ٱلسَّبْتِ ٱلْمَاضِي.**

私たちはこの前の土曜日，私たちの家のお墓参りをした。

▶ قَبْرٌ「墓」。عَائِلَةٌ「家族」(㊀ أُسْرَةٌ 033)。اَلْمَاضِي < مَاضٍ「過ぎ去った，先〜」

| 1回目 | 年　月　日 | 2回目 | 年　月　日 | 3回目 | 年　月　日 | 達成率 |
|---|---|---|---|---|---|---|
| | ／7 | | ／7 | | ／7 | 47 % |

239 □□□ サイヤーラ **سَيَّارَةٌ**

名|女 車

- 複 سَيَّارَاتٌ
- تَاكْسِي 男「タクシー」

240 □□□ ハーフィラ **حَافِلَةٌ**

名|女 バス

- 複 حَافِلَاتٌ, حَوَافِلُ
- 類男 أُوتُوبِيسٌ

241 □□□ キタール **قِطَارٌ**

名|男 電車, 列車

- 複 قِطَارَاتٌ, قُطُرٌ

242 □□□ ターイラ **طَائِرَةٌ**

名|女 飛行機

- 複 طَائِرَاتٌ
- سَفِينَةٌ 女「船」
- مَرْكَبٌ 男「船, ボート」

243 □□□ マウキフ **مَوْقِفٌ**

名|男 停留所；立場

- 複 مَوَاقِفُ

244 □□□ マハッタ **مَحَطَّةٌ**

名|女 駅

- 複 مَحَطَّاتٌ

245 □□□ マタール **مَطَارٌ**

名|男 空港

- 複 مَطَارَاتٌ
- مِينَاءٌ 女「港」

イシュタラト・サイヤーラ・ジャディーダ・バアダ・フスーリ=ハー・アラー・ルフサティ・ル=キヤーダ

**اِشْتَرَتْ سَيَّارَةً جَدِيدَةً بَعْدَ حُصُولِهَا عَلَى رُخْصَةِ ٱلْقِيَادَةِ.**

運転免許取得後，彼女は新しい車を買った。

▶اِشْتَرَتْ「買う」3|女|単|完 < اِشْتَرَى 271。 حُصُولٌ عَلَى ...「…の取得」。 رُخْصَةٌ「免許」。
قِيَادَةٌ「運転」

---

ハル・ナズハブ・ビ=ル=ハーフィラ・アム・ビ=ル=ミトルー

**هَلْ نَذْهَبُ بِٱلْحَافِلَةِ أَمْ بِٱلْمِتْرُو؟**

私たちは，バスで行きましょうか，それとも地下鉄で？

▶أَمْ「あるいは」(同 أَوْ 198)。 مِتْرُو「メトロ，地下鉄」

---

アル=キタール・ムタワッキフ・ビ=サバビ・イサーバ・バシャリイヤ

**اَلْقِطَارُ مُتَوَقِّفٌ بِسَبَبِ إِصَابَةٍ بَشَرِيَّةٍ.**

電車が人身事故で止まっている。

▶مُتَوَقِّفٌ「止まっている」(能動分詞) < تَوَقَّفَ Ⅴ「止まる」。 سَبَبٌ「理由，原因」。
إِصَابَةٌ「災い」女。 بَشَرِيَّةٌ「人間の」女

---

アタタッラウ・イラ・ル=ワジュバ・ダーヒラ・ッ=ターイラ

**أَتَطَلَّعُ إِلَى ٱلْوَجْبَةِ دَاخِلَ ٱلطَّائِرَةِ.**

私は機内食が楽しみだ。

▶أَتَطَلَّعُ إِلَى ...「…を期待する」1|単|未完|直説 < تَطَلَّعَ Ⅴ。 وَجْبَةٌ「食事」。
دَاخِلَ「～の中に」(類 فِي 064)

---

インタザルトゥ・ハーフィラ・フィ・ル=マウキフ・ワラーキンナ・クッラ・ル=ハーフィラート・カーナト・ムムタリア

**اِنْتَظَرْتُ فِي ٱلْمَوْقِفِ وَلٰكِنَّ كُلَّ ٱلْحَافِلَاتِ كَانَتْ مُمْتَلِئَةً.**

私は停留所で待ったが，すべてのバスが満員だった。

▶اِنْتَظَرْتُ「待つ」1|単|完 < اِنْتَظَرَ Ⅷ。 مُمْتَلِئَةٌ「満杯の」女

---

ハル・ヤキフ・ル=キタール・ッ=サリーウ・フィー・ハーズィヒ・ル=マハッタ

**هَلْ يَقِفُ ٱلْقِطَارُ ٱلسَّرِيعُ فِي هٰذِهِ ٱلْمَحَطَّةِ؟**

急行電車はこの駅に停まりますか。

▶يَقِفُ「止まる」3|男|単|未完|直説 < وَقَفَ 395。 سَرِيعٌ 490「速い」

---

マタール・イタミ・マタール・ダウリー

**مَطَارُ "إِيتَامِي" مَطَارٌ دَوْلِيٌّ.**

伊丹空港は国際空港です。

▶دَوْلِيٌّ「国際的な」(دُوَلِيٌّ とも言う)

| 1回目 | 年 月 日 ／7 | 2回目 | 年 月 日 ／7 | 3回目 | 年 月 日 ／7 | 達成率 48 % |
|---|---|---|---|---|---|---|

246 ジッダン
جِدًّا
副 とても

247 アバダン
أَبَدًا
副 （否定文で）決して

248 ダーイマン
دَائِمًا
副 いつも

249 アヘヤーナン
أَحْيَانًا
副 ときどき

250 タクリーバン
تَقْرِيبًا
副 だいたい，およそ

251 アヒーラン
أَخِيرًا
副 ついに
- أَخِيرٌ 形「最後の」
- آخِرٌ 名|形「最後（の）」

252 ルッバマー
رُبَّمَا
副 おそらく，たぶん

アッ=シャワーリウ・ムズダヒマ・ジッダン・ワ=カド・ナタアッハル

## اَلشَّوَارِعُ مُزْدَحِمَةٌ **جِدًّا** وَقَدْ نَتَأَخَّرُ.

道がとても混雑していて，私たちは遅刻するかもしれない。

▶شَوَارِعُ「通り」複 < شَارِعٌ 423。مُزْدَحِمَةٌ「混雑している」女。قَدْ「〜だろう（未完了の強調）」。
نَتَأَخَّرُ「遅れる」1|複|未完|直説 < تَأَخَّرَ V

ラー・ヤアリフ・ワーリダー=ヤ・ッ=ルガ・ル=アラビイヤ・アバダン

## لَا يَعْرِفُ وَالِدَايَ ٱللُّغَةَ ٱلْعَرَبِيَّةَ **أَبَدًا**.

私の両親はアラビア語がまったくわかりません。

▶لَا「〜しない（否定辞）」。يَعْرِفُ「知る」3|男|単|未完|直説 < عَرَفَ 383。وَالِدَايَ（وَالِدَانِ 双|主 に
ـِي 019 の付いた形），وَالِدٌ「親」。لُغَةٌ 358「言語」。عَرَبِيَّةٌ「アラビアの」女 < عَرَبٌ 224

アル=アウカートゥ・ッ=サイーダ・ダーイマン・タムッル・ビ=スルア

## اَلْأَوْقَاتُ ٱلسَّعِيدَةُ **دَائِمًا** تَمُرُّ بِسُرْعَةٍ.

楽しい時間はいつもすぐに過ぎる。

▶أَوْقَاتٌ「時間」複 < وَقْتٌ（参 سَاعَةٌ 194）。سَعِيدَةٌ 400「幸せな」女。
تَمُرُّ「過ぎる」3|女|単|未完|直説 < مَرَّ 394。سُرْعَةٌ「速度」（参 سَرِيعٌ 490）。بِسُرْعَةٍ「速く」

クッル・ル=アシュハース・ヤルタキブーン・アフターッ・アヘヤーナン

## كُلُّ ٱلْأَشْخَاصِ يَرْتَكِبُونَ أَخْطَاءً **أَحْيَانًا**.

すべての人が，ときどき間違いを犯す。

▶يَرْتَكِبُونَ「犯す」3|男|複|未完|直説 < اِرْتَكَبَ VIII。أَخْطَاءٌ「誤り」複 < خَطَأٌ 単

ハフィズトゥ・タクリーバン・クッラ・ル=カリマート・フィー・ハーザ・ル=キターブ

## حَفِظْتُ **تَقْرِيبًا** كُلَّ ٱلْكَلِمَاتِ فِي هٰذَا ٱلْكِتَابِ.

私は，この本の中の単語をだいたい全部記憶した。

▶حَفِظْتُ「暗記する」1|単|完 < حَفِظَ 384。كَلِمَاتٌ「単語」複 < كَلِمَةٌ 361。كِتَابٌ 469「本」

クビダ・アラ・ル=ムジュリム・アヒーラン

## قُبِضَ عَلَى ٱلْمُجْرِمِ **أَخِيرًا**.

ついに犯人が逮捕された。

▶قُبِضَ عَلَى ...「…が逮捕される」受|完 < قَبَضَ عَلَى ...「…を逮捕する」。مُجْرِمٌ「犯人」

ルッバマー・ムサーイドゥ=フ・アラ・ル=ジャリーマ・カド・ハラバ・イラー・バラド・アジュナビー

## **رُبَّمَا** مُسَاعِدُهُ عَلَى ٱلْجَرِيمَةِ قَدْ هَرَبَ إِلَى بَلَدٍ أَجْنَبِيٍّ.

おそらく，彼の共犯者は海外に高跳びしたのだろう。

▶مُسَاعِدٌ「助手」。جَرِيمَةٌ「犯罪」。قَدْ「既に（完了の強調）」。هَرَبَ「逃げる」3|男|単|完。
بَلَدٌ「国」。أَجْنَبِيٌّ 369「外国の」

| 1回目 | 年　月　日 ／7 | 2回目 | 年　月　日 ／7 | 3回目 | 年　月　日 ／7 | 達成率 50 % |
|---|---|---|---|---|---|---|

# 文法復習③　前置詞とイダーファ，所有の表現

属格の主な用法として，前置詞との組み合わせとイダーファが挙げられます。

**1** 前置詞のあとは属格の名詞や代名詞が来ます。

● 1文字しかない前置詞は，次に来る名詞や代名詞とつなげて書きます。

**لِحَسَنٍ**　リ・ハサン　「ハサンのために」
**بِٱلسَّيَّارَةِ**　ビ・ッ＝サイヤーラ　「車で」

● 人称代名詞が前置詞のあとに来たときの注意：

前置詞と人称代名詞はつなげて書きます。

「彼」「彼ら」などの ـهُ「フ」の音の前に，「イ」（i, ai, ī）の母音が来たら，ـهُ「フ」が ـهِ「ヒ」に変化します。「私の」の ـِي「イー」の前が，ā, ai, ī のどれかの場合，ـِي「イー」は ـَي「ヤ」に変化します。

| | | 彼 | 彼女 | あなた男 | 私 | 彼ら |
|---|---|---|---|---|---|---|
| ～のために | لِ | لَهُ | لَهَا | لَكَ | لِي | لَهُمْ |
| ～の中に | فِي | فِيهِ | فِيهَا | فِيكَ | فِيَّ | فِيهِمْ |
| ～から | مِنْ | مِنْهُ | مِنْهَا | مِنْكَ | مِنِّي | مِنْهُمْ |
| ～から，～について | عَنْ | عَنْهُ | عَنْهَا | عَنْكَ | عَنِّي | عَنْهُمْ |
| ～の上に | عَلَى | عَلَيْهِ | عَلَيْهَا | عَلَيْكَ | عَلَيَّ | عَلَيْهِمْ |

※ ▭ は前置詞の形が変わるところ。

① لِ は，次に人称代名詞が付くと لَ に母音が変わります。（例外は「私」が付いたときの لِي）

② فِي の長母音 ī のため，次に来る人称代名詞が音変化を起こすことがあるので注意。

③ مِنْ と عَنْ に1人称単数の人称代名詞が後続すると，ن が重複します。

④ عَلَى（～へ），إِلَى（～の上に），لَدَى（～のもとに）のようにアリフ・マクスーラで終わる前置詞は，次に人称代名詞が付くと，ـَى「アー」の長母音が ـَيْ「アイ」の二重母音に変化します。

**2** 属格形を使って「イダーファ」すなわち「○○の××」という表現ができます。例えば「アリーの家」ならば，「家」のあとに「アリー」を属格で続けます。

- **بَيْتُ عَلِيٍّ**　バイトゥ・アリー　「アリーの家」
- **جَوَازُ سَفَرٍ**　ジャワーズ・サファル　「パスポート」（非限定）直訳：旅行の許可証
- **جَوَازُ ٱلسَّفَرِ**　ジャワーズ・ッ＝サファル　「パスポート」（限定）
- **سَاعَةُ ذَهَبٍ**　サーアトゥ・ザハブ　「金時計」（非限定）
- **كُرَةُ ٱلْقَدَمِ**　クラトゥ・ル＝カダム　「サッカー」直訳：足の球

・جَامِعَةُ ٱلْقَاهِرَةِ ジャーミアトゥ・ル=カーヒラ 「カイロ大学」(固有名詞)
・مَحَطَّةُ طُوكِيُو マハッタトゥ・トーキョー 「東京駅」(固有名詞)

右の単語(「○○の××」の「××」)には限定辞は付かず，語尾もタンウィーンになりません。

### 3 所有の表現

「○○は××を持っている」の表現は，前置詞を使って「○○とともに××がある」「○○のために××がある」などと言います。持ち物が主語，持ち主は前置詞の目的語になるので注意しましょう。

| | |
|---|---|
| مَعَكَ فَكَّةٌ؟ マア=カ・ファッカ<br>「あなた男とともに小銭がありますか」 | مَعَ マア を使うと，その場に持ち合わせているという意味での「持っている」になります。 |
| عِنْدِي سُؤَالٌ. インディー・スアール<br>「私のもとに質問があります」(I have a question.) | عِنْدَ インダ と لَدَى ラダー はいずれも「～のもとに，～のところに」を意味します。عِنْدَ インダ の方が良く使われています。 |
| لَدَيَّ مُشْكِلَةٌ. ラダイ=ヤ・ムシュケラ<br>「私のもとに問題があります」(I have a problem.) | |
| لَهَا أُخْتٌ. ラ=ハー・ウフト<br>「彼女には姉妹が１人いる」 | لِ リ を使うと，所有権を明示する言い方になります。 |

### 発音と読み方３

声門破裂音を表すハムザには，連続ハムザと切断ハムザの２種類があります。切断ハムザは常に発音されますが，連続ハムザは文やフレーズの途中に来ると，それに付された母音ごと発音されなくなります。

連続ハムザは，決まった単語の語頭に来ます。限定辞 ٱلْ アル，「唯一神」ٱللّٰهُ アッラー，「息子」اِبْنٌ イブン，「娘」اِبْنَةٌ イブナ，「名前」اِسْمٌ イスム などの語頭です。

ほかに，関係代名詞の語頭，派生形第7～10形の完了形や命令形，動名詞形の語頭などにも連続ハムザが現れます。

●連続ハムザの脱落する例

サバーフ + アル=ハイル → サバーフ・ル=ハイル
صَبَاحُ + ٱلْخَيْرِ → صَبَاحُ ٱلْخَيْرِ 「おはよう」

マー + イスムカ → マ・スムカ
مَا + اِسْمُكَ؟ → مَا ٱسْمُكَ؟ 「あなたの名前は何ですか」

253 マトハフ
مَتْحَفٌ
名|男 博物館
▪ 複 مَتَاحِفُ

254 マトアム
مَطْعَمٌ
名|男 レストラン，食堂
▪ 複 مَطَاعِمُ

255 ハディーカ
حَدِيقَةٌ
名|女 庭；公園
▪ 複 حَدَائِقُ
▪ حَدِيقَةُ ٱلْحَيَوَانِ「動物園」

256 スーク
سُوقٌ
名 市場（主に女）
▪ 複 أَسْوَاقٌ

257 カスル
قَصْرٌ
名|男 城
▪ 複 قُصُورٌ

258 フンドゥク
فُنْدُقٌ
名|男 ホテル
▪ 複 فَنَادِقُ

259 スィファーラ
سِفَارَةٌ
名|女 大使館
▪ 複 سِفَارَاتٌ
▪ سَفِيرٌ 男「大使」

ユージャド・キナーウ・トゥート・アンフ・アームーン・フィー・ハーザ・ル=マトハフ

**يُوجَدُ قِنَاعُ تُوتْ عَنْخْ آمُونْ فِي هٰذَا ٱلْمَتْحَفِ.**

ツタンカーメンのマスクはこの博物館にある。

▶ يُوجَدُ「ある，いる」受|3|男|単|未完 < وَجَدَ 371「見つける」。قِنَاعٌ「仮面」。
تُوتْ عَنْخْ آمُونْ「ツタンカーメン」固

---

ハル・ユージャドゥ・マトアム・ナスタティーウ・アン・ナシュラバ・フィー=ヒ・ハムラン

**هَلْ يُوجَدُ مَطْعَمٌ نَسْتَطِيعُ أَنْ نَشْرَبَ فِيهِ خَمْرًا؟**

お酒の飲める食堂はありますか。

▶ يُوجَدُ「ある，いる」受|3|男|単|未完 < وَجَدَ 371「見つける」。نَسْتَطِيعُ「できる」1|複|未完|直説
< اِسْتَطَاعَ 494。أَنْ 496「～すること」。نَشْرَبَ「飲む」1|複|未完|接続 < شَرِبَ 298。خَمْرٌ「酒」

---

ア=ラー・ヤザール・フィー・ハディーカティ・ル=ハヤワーン・ビ=ル=ジーザ・ドゥッブ・クトビー

**أَلَا يَزَالُ فِي حَدِيقَةِ ٱلْحَيَوَانِ بِٱلْجِيزَةِ دُبٌّ قُطْبِيٌّ؟**

ギザ動物園にはまだシロクマがいますか。

▶ لَا「～しない（否定辞）」。يَزَالُ「止める」3|男|単|未完|直説 < زَالَ。… لَا يَزَالُ「いまだ…し続ける」。
حَيَوَانٌ 330「動物」。اَلْجِيزَةُ「ギザ」固。دُبٌّ「熊」。قُطْبِيٌّ「（北／南）極の」

---

イシュタライトゥ・シュークーラータ・ミナ・ッ=スーキ・ル=フッラ・カブラ・スウーディ・ッ=ターイラ

**اِشْتَرَيْتُ شُوكُولَاتَه مِنَ ٱلسُّوقِ ٱلْحُرَّةِ قَبْلَ صُعُودِ ٱلطَّائِرَةِ.**

私は搭乗前に免税店でチョコレートを買った。

▶ اِشْتَرَيْتُ「買う」1|単|完 < اِشْتَرَى 271。شُوكُولَاتَه「チョコレート」。حُرَّةٌ「自由な」女。
اَلسُّوقُ ٱلْحُرَّةُ「免税店」。صُعُودٌ「上がること」< صَعِدَ「上がる」（反 نَزَلَ 126）

---

カスル=ル・ハムラーッ・ミン・アハンミ・ル=マバーニ・ル=イスラーミイヤ・フィ・ル=アンダルス

**قَصْرُ ٱلْحَمْرَاءِ مِنْ أَهَمِّ ٱلْمَبَانِي ٱلْإِسْلَامِيَّةِ فِي ٱلْأَنْدَلُسِ.**

アルハンブラ宮殿は，アンダルスの最も重要なイスラーム建築のひとつだ。

▶ اَلْحَمْرَاءُ「アルハンブラ」固 < حَمْرَاءُ「赤い」女。أَهَمُّ「最重要の（最上級）」。مَبَانٍ「建物」複 <
مَبْنًى 単（≒ عِمَارَةٌ 117）。إِسْلَامِيَّةٌ「イスラームの」女 < اَلْإِسْلَامُ 338「イスラーム」

---

ハル・ミナ・ル=ムムキン・タフウィール・ッ=ドゥーラール・イラ・ル=ジュナイフ・フィ・ル=フンドゥク

**هَلْ مِنَ ٱلْمُمْكِنِ تَحْوِيلُ ٱلدُّولَارِ إِلَى ٱلْجُنَيْهِ فِي ٱلْفُنْدُقِ؟**

ホテルで，ドルからポンドへの両替は可能ですか。

▶ مُمْكِنٌ「可能な（こと）」。تَحْوِيلٌ「交換」< حَوَّلَ II「交換する」。دُولَارٌ「ドル」。
جُنَيْهٌ「（エジプトなどの）ポンド」

---

タラッカイトゥ・ナシュラ・ジャミーラ・フィ・ル=マルカズィ・ッ=サカーフィー・ビ=ッ=スィファーラ

**تَلَقَّيْتُ نَشْرَةً جَمِيلَةً فِي ٱلْمَرْكَزِ ٱلثَّقَافِيِّ بِٱلسِّفَارَةِ.**

私は大使館の文化センターで美しいパンフレットをもらった。

▶ تَلَقَّيْتُ「受け取る」1|単|完 < تَلَقَّى V。نَشْرَةٌ「刊行物；パンフレット」。مَرْكَزٌ「センター」。
ثَقَافِيٌّ「文化の」< ثَقَافَةٌ 463「文化」

260 カリーブ
قَرِيبٌ
形 近い
- 複 أَقْرِبَاءُ「親戚」

261 バイード
بَعِيدٌ
形 遠い
- 複 بُعَدَاءُ, بَعِيدُونَ

262 ジャワーズ・ッ＝サファル
جَوَازُ ٱلسَّفَرِ
名|男 旅券，パスポート
- 複 جَوَازَاتُ ٱلسَّفَرِ
- تَأْشِيرَةٌ 女「査証」

263 ハリータ
خَرِيطَةٌ
名|女 地図
- 複 خَرَائِطُ
- أَطْلَسُ 男「地図帳」

264 リヘラ
رِحْلَةٌ
名|女 旅（trip）；（飛行機などの）便
- 複 رِحَلَاتٌ
- 類男 سَفَرٌ「旅行，トラベル」
（رِحْلَةٌ より意味が広い）

265 ハジャザ
حَجَزَ
動 予約する
- 未完 يَحْجِزُ
- حَجْزٌ 男「予約」

266 タズキラ
تَذْكِرَةٌ
名|女 チケット，切符
- 複 تَذَاكِرُ

ウリードゥ・アン・アンズィラ・フィー・フンドゥク・カリーブ・ミナ・ル=アハラーマート

**أُرِيدُ أَنْ أَنْزِلَ فِي فُنْدُقٍ قَرِيبٍ مِنَ ٱلْأَهْرَامَاتِ.**

私はピラミッドから近いホテルに滞在したい。

▶أُرِيدُ「欲する」1|単|未完|直説 < أَرَادَ 491。أَنْ 496「～すること」。
أَنْزِلَ「下りる；泊まる」1|単|未完|接続 < نَزَلَ 126。أَهْرَامَاتٌ 複 < هَرَمٌ「ピラミッド」

---

ハル・ハラム・スニフィル・ル=マーイル・バイード・アニ・ル=ジーザ

**هَلْ هَرَمُ سنِفِرُو ٱلْمَائِلُ بَعِيدٌ عَنِ ٱلْجِيزَةِ؟**

スネフェル王の屈折ピラミッドはギザから遠いですか。

▶هَرَمٌ「ピラミッド」。مَائِلٌ「傾いた」。ٱلْجِيزَةُ「ギザ」固

---

ユルジャー・タクディーム・スーラ・ミン・ジャワーズ・サファリ=カ

**يُرْجَى تَقْدِيمُ صُورَةٍ مِنْ جَوَازِ سَفَرِكَ.**

あなたの旅券のコピーの提出をお願い致します。

▶يُرْجَى「望まれる」受|3|男|単|未完 < رَجَا「望む」。تَقْدِيمٌ「提出」< قَدَّمَ「提出する」II。
صُورَةٌ 483「コピー」

---

ハーズィヒ・ル=ハリータ・タクリービイヤ・ジッダン・ワ=ガイル・ムフィーダ

**هٰذِهِ ٱلْخَرِيطَةُ تَقْرِيبِيَّةٌ جِدًّا وَغَيْرُ مُفِيدَةٍ.**

この地図はとても大雑把で役に立たない。

▶تَقْرِيبِيَّةٌ「およその」女 < تَقْرِيبًا 250「およそ」。غَيْرٌ「～ではない，～以外」。مُفِيدَةٌ「役に立つ」女

---

リヘラ・サイーダ

**رِحْلَةً سَعِيدَةً.**

良いご旅行を！

▶سَعِيدَةٌ 400「幸せな」女

---

ラー・アハジズ・フンドゥカン・アーディーヤン・バル・リヤード・フィ・ル=マグリブ

**لَا أَحْجِزُ فُنْدُقًا عَادِيًّا بَلْ "رِيَاض" فِي ٱلْمَغْرِبِ.**

モロッコでは普通のホテルではなく「リヤド」を予約する。

▶لَا「～しない（否定辞）」。عَادِيًّا「通常の」対 < عَادِيٌّ 主。بَلْ「～ではなくて」（参 وَلٰكِنَّ 199）

---

アブハス・アン・タズキラ・ラヒーサ・リ=ッ=ターイラ・イラー・アンマーン

**أَبْحَثُ عَنْ تَذْكِرَةٍ رَخِيصَةٍ لِلطَّائِرَةِ إِلَى عَمَّانَ.**

私はアンマン行きの安い航空券を探している。

▶أَبْحَثُ عَنْ ...「…を探す」1|単|未完|直説 < بَحَثَ عَنْ。رَخِيصَةٌ「安い」女。عَمَّانُ「アンマン」固

| 1回目 | 年　月　日 | 2回目 | 年　月　日 | 3回目 | 年　月　日 | 達成率 |
|---|---|---|---|---|---|---|
| | ／7 | | ／7 | | ／7 | 53 % |

267 サーイハ
سَائِحٌ
名|男 観光客
▪ 複 سَائِحُونَ، سُيَّاحٌ
▪ 女 سِيَاحَةٌ「観光」

268 ムルシド
مُرْشِدٌ
名|男 ガイドさん
▪ 複 مُرْشِدُونَ
▪ 男 دَلِيلٌ「ガイドブック」

269 ワサラ
وَصَلَ
動 到着する
▪ 未完 يَصِلُ

270 タラバ
طَلَبَ
動 求める
▪ 未完 يَطْلُبُ
▪ طَلَبَ --- مِنْ ...「--- を…に求める」

271 イシュタラー
اِشْتَرَى
動|派|VIII 買う
▪ 未完 يَشْتَرِي
▪ 完|1|単 اِشْتَرَيْتُ
▪ شِرَاءٌ「購入」

272 バーア
بَاعَ
動 売る
▪ 未完 يَبِيعُ
▪ 完|1|単 بِعْتُ

273 アアター
أَعْطَى
動|派|IV 与える
▪ 未完 يُعْطِي
▪ 完|1|単 أَعْطَيْتُ

アスアール・ッ・タザーキル・リ=ッ=スイヤーヒ・ル=アジャーニブ・アアラー・ミナ・ッ=タザーキル・リ=ル=ミスリーイーン

أَسْعَارُ ٱلتَّذَاكِرِ لِلسُّيَّاحِ ٱلْأَجَانِبِ أَعْلَى مِنَ ٱلتَّذَاكِرِ لِلْمِصْرِيِّينَ.

外国人観光客のチケットの値段は，エジプト人用のチケットより高い。

▶أَسْعَارٌ「値段」複 < سِعْرٌ 429 単。أَجَانِبُ「外国人」複 < أَجْنَبِيٌّ 369 単。
أَعْلَى「より高い（比較級）」< عَالٍ「高い」。مِصْرِيِّينَ「エジプト人」男|複|属 < مِصْرُ 212

---

ハリ・ル=ムルシド・ヤタカッラム・ッ=ルガ・ル=ヤーバーニイヤ

هَلِ ٱلْمُرْشِدُ يَتَكَلَّمُ ٱللُّغَةَ ٱلْيَابَانِيَّةَ؟

そのガイドさんは日本語を話しますか。

▶يَتَكَلَّمُ「話す」3|男|単|未完|直説 < تَكَلَّمَ V 365。لُغَةٌ 358 単。
يَابَانِيَّةٌ「日本の」女 < ٱلْيَابَانُ 211「日本」

---

ワサルナー・イラ・ル=マタール・カブラ・マウイディ・ル=イクラーウ・ビ=サーアタイン

وَصَلْنَا إِلَى ٱلْمَطَارِ قَبْلَ مَوْعِدِ ٱلْإِقْلَاعِ بِسَاعَتَيْنِ.

私たちは空港に出発時刻の2時間前に到着した。

▶مَوْعِدٌ「約束の時刻，期日」。إِقْلَاعٌ「離陸」

---

カド・タラブトゥ・ル=クトゥブ・ミナ・ル=マクタバ・ワ=マター・タスィル

قَدْ طَلَبْتُ ٱلْكُتُبَ مِنَ ٱلْمَكْتَبَةِ وَمَتَى تَصِلُ؟

本屋さんに本を注文したが，いつ届くか？

▶قَدْ「既に（完了の強調）」。مَكْتَبَةٌ 435「図書館」。تَصِلُ 3|女|単|未完|直説 < وَصَلَ 269

---

ヤシュタリ・ッ=シャイフ・ダルーリーヤート・ヤウミイヤ・ビ=ッ=ダイン・ダーイマン

يَشْتَرِي ٱلشَّيْخُ ضَرُورِيَّاتٍ يَوْمِيَّةً بِٱلدَّيْنِ دَائِمًا.

その老人はいつも日用品をツケで買う。

▶شَيْخٌ「老人，長老」。ضَرُورِيَّاتٍ「必要なもの」複|対。
يَوْمِيَّةً「日常的な」女|対 < يَوْمٌ 190。دَيْنٌ「借金」

---

フィ・ン=ニハーヤ・バーウー・クッラ・ル=アシュヤーッ・ビ=ル=ハサーラ

فِي ٱلنِّهَايَةِ بَاعُوا كُلَّ ٱلْأَشْيَاءِ بِٱلْخَسَارَةِ.

最後，彼らはぜんぶ投げ売りした。

▶نِهَايَةٌ「終わり」。خَسَارَةٌ「損失」

---

アアティ=ニー・シュークーラータ

أَعْطِنِي شُوكُولَاتَه.

ギブ・ミー・チョコレート。

▶أَعْطِ 男|単|命令。شُوكُولَاتَه「チョコレート」

| 1回目 | 年　月　日 | 2回目 | 年　月　日 | 3回目 | 年　月　日 | 達成率 |
|---|---|---|---|---|---|---|
| | ／7 | | ／7 | | ／7 | 55 % |

274 □□□ フブズ
# خُبْزٌ
名|男 パン
- 複 أَخْبَازٌ
- جُبْنٌ 集「チーズ」 زُبْدَةٌ 女「バター」
- مُرَبًّى 男「ジャム」

275 □□□ アルッズ
# أَرُزٌّ
名|男 米
- 同 رُزٌّ
- شَعِيرٌ 集「大麦」 قَمْحٌ 男「小麦」
- مَعْكَرُونَه 女「マカロニ，麺類」

276 □□□ ラハム
# لَحْمٌ
名|男 肉
- 複 لِحَامٌ，لُحُومٌ
- كَبَابٌ 男「カバーブ，串焼き肉」

277 □□□ サマク
# سَمَكٌ
名|集 魚
- 複 سِمَاكٌ，أَسْمَاكٌ
- 個体名詞 سَمَكَةٌ

278 □□□ マーッ
# مَاءٌ
名|男 水
- 複 مِيَاهٌ

279 □□□ シャーイ
# شَايٌ
名|男 お茶
- شَايٌ أَحْمَرُ「紅茶」
- شَايٌ أَخْضَرُ「緑茶」

280 □□□ カホワ
# قَهْوَةٌ
名|女 コーヒー
- 複 قَهَوَاتٌ
- قَهْوَةٌ سَادَةٌ「ブラック・コーヒー」
- حَلِيبٌ「ミルク」

アーダタン・ラー・トゥスタフダム・ル＝ハミーラ・フィー・スィナーアティ・ル＝フブズィ・ル＝ミスリー

**عَادَةً لَا تُسْتَخْدَمُ ٱلْخَمِيرَةُ فِي صِنَاعَةِ ٱلْخُبْزِ ٱلْمِصْرِيِّ.**

普通，エジプトのパンを作るのに，イースト菌は使われていない。

▶عَادَةً「普通は」[対]<عَادَةٌ「習慣」。لَا「〜しない（否定辞）」。تُسْتَخْدَمُ「使われる」[受|3|女|単|未完]<اِسْتَخْدَمَ [X]「使う」。خَمِيرَةٌ「イースト」。صِنَاعَةٌ「製造」<صَنَعَ「作る」。مِصْرِيٌّ「エジプトの」<مِصْرُ 212

アカルナー・アルッザン・タウィーラ・ル＝ハッバ・フィ・ル＝マトアミ・ル＝ヤマニー

**أَكَلْنَا أَرُزًّا طَوِيلَ ٱلْحَبَّةِ فِي ٱلْمَطْعَمِ ٱلْيَمَنِيِّ.**

私たちはイエメン料理店で長粒米を食べた。

▶أَكَلْنَا「食べる」[1|複|完]<أَكَلَ 297。حَبَّةٌ「粒」。طَوِيلُ ٱلْحَبَّةِ「粒の長い，長粒の」。
يَمَنِيٌّ「イエメンの」<اَلْيَمَنُ 219

ラハム・ル＝ヒンズィール・ハラーム・アラ・ル＝ムスリミーン

**لَحْمُ ٱلْخِنْزِيرِ حَرَامٌ عَلَى ٱلْمُسْلِمِينَ.**

豚肉は，イスラーム教徒にとって禁忌だ。

▶خِنْزِيرٌ「豚」。حَرَامٌ「禁忌」。مُسْلِمِينَ「イスラーム教徒」[男|複|属]<مُسْلِمٌ 344

アッ＝サマク・タアーム・ハラール・フィ・ル＝アサース

**اَلسَّمَكُ طَعَامٌ حَلَالٌ فِي ٱلْأَسَاسِ.**

魚は基本的にハラールの食べ物だ。

▶طَعَامٌ 295「食べ物」。حَلَالٌ「許可された」。أَسَاسٌ「基礎，基本」

ウリード・ズジャージャタ・ル＝マーイ・ル＝マアダニー

**أُرِيدُ زُجَاجَةَ ٱلْمَاءِ ٱلْمَعْدَنِيِّ.**

ミネラル・ウォーターが１本欲しいです。

▶أُرِيدُ「欲する」[1|単|未完|直説]<أَرَادَ 491。زُجَاجَةٌ「瓶」。مَعْدَنِيٌّ「鉱物の」

シャーイ・ビ＝ン＝ナアナーア，ラウ・サマフタ

**شَايٌ بِٱلنَّعْنَاعِ، لَوْ سَمَحْتَ.**

ミント・ティーをお願いします。

▶نَعْنَاعٌ「ミント」。
لَوْ سَمَحْتَ「すみませんが」（直訳：もしあなた［男］が許すなら／お願いする際の表現）

アシュラブ・カホワ・トルキイヤ・リアンナ＝ニー・アシュウル・ビ＝ン＝ヌアース・カリーラン

**أَشْرَبُ قَهْوَةً تُرْكِيَّةً لِأَنَّنِي أَشْعُرُ بِٱلنُّعَاسِ قَلِيلًا.**

ちょっと眠いので，トルコ・コーヒーを飲みます。

▶أَشْرَبُ「飲む」[1|単|未完|直説]<شَرِبَ 298。تُرْكِيَّةٌ「トルコの」[女]<تُرْكِيَا「トルコ」[固]。
أَشْعُرُ بِـ...「…を感じる」[1|単|未完|直説]<شَعَرَ بِـ...。نُعَاسٌ「眠気」。قَلِيلًا「少々」[対]<قَلِيلٌ 155

281 □□□ アスィール
عَصِيرٌ
名|男 ジュース（絞ったもの）
▪ مَشْرُوبٌ غَازِيٌّ 「炭酸飲料」(→296)

282 □□□ ビーラ
بِيرَةٌ
名|女 ビール
▪ بِيرَةٌ غَيْرُ كُحُولِيَّةٍ 「ノンアルコール・ビール」

283 □□□ ナビーズ
نَبِيذٌ
名|男 ワイン
▪ خَمْرٌ 男女「酒」 نَبِيذٌ أَحْمَرُ 「赤ワイン」
نَبِيذٌ أَبْيَضُ 「白ワイン」
نَبِيذٌ وَرْدِيٌّ 「ロゼ・ワイン」

284 □□□ ミルハ
مِلْحٌ
名|男女 塩
▪ 複 أَمْلَاحٌ

285 □□□ スッカル
سُكَّرٌ
名|男 砂糖
▪ 複 سَكَاكِرُ
▪ عَسَلٌ 男「はちみつ」

286 □□□ フィルフィル
فِلْفِلٌ
名|男 唐辛子；胡椒
▪ فِلْفِلٌ أَخْضَرُ 「ピーマン」
▪ فِلْفِلٌ أَحْمَرُ 「赤唐辛子」
▪ فِلْفِلٌ أَسْوَدُ 「黒胡椒」

287 □□□ ラズィーズ
لَذِيذٌ
形 おいしい
▪ 複 لِذَاذٌ／لُذٌّ

アスィール・ル=マーンジュー・ラズィーズ・ワラーキンナ=フ・ガーリン・カリーラン

**عَصِيرُ ٱلْمَانْجُو لَذِيذٌ وَلٰكِنَّهُ غَالٍ قَلِيلًا.**

マンゴー・ジュースは美味しいのだが，ちょっと高い。

▶مَانْجُو「マンゴー」。لَذِيذٌ 287「美味しい」。غَالٍ「高価な」男|主。قَلِيلًا「少々」対＜قَلِيلٌ 155

---

ミン・アイイ・マハッル・ナスタティーウ・アン・ナシュタリヤ・ビーラ

**مِنْ أَيِّ مَحَلٍّ نَسْتَطِيعُ أَنْ نَشْتَرِيَ بِيرَةً؟**

どのお店でビールが買えますか。

▶مَحَلٌّ 428「店」。نَسْتَطِيعُ「できる」1|複|未完|直説＜اِسْتَطَاعَ 494。أَنْ 496「〜すること」

---

ヤクール・ル=マスィーヒーユーン・インナ・イーサー・ガイヤラ・マーッ・イラー・ナビーズ

**يَقُولُ ٱلْمَسِيحِيُّونَ إِنَّ عِيسَى غَيَّرَ مَاءً إِلَى نَبِيذٍ.**

キリスト教徒たちは，イーサーが水をワインに変えたと言う。

▶مَسِيحِيُّونَ「キリスト教徒」男|複＜مَسِيحِيٌّ 単。إِنَّ「〜ということ (that)」(参 أَنَّ 201)。عِيسَى「イーサー（イエスに該当）」固。غَيَّرَ II「変える」3|男|単|完

---

ヤルファウ・ル=ミルフ・ダグタ・ッ=ダム

**يَرْفَعُ ٱلْمِلْحُ ضَغْطَ ٱلدَّمِ.**

塩は血圧を上げる。

▶يَرْفَعُ「上げる」3|男|単|未完|直説＜رَفَعَ。ضَغْطٌ「圧力」。دَمٌ「血」

---

アスィール・カサビ・ッ=スッカル・ラヒース・ワ=シャアビー

**عَصِيرُ قَصَبِ ٱلسُّكَّرِ رَخِيصٌ وَشَعْبِيٌّ.**

サトウキビのジュースは安くて庶民的だ。

▶قَصَبٌ「竹，キビ」。قَصَبُ ٱلسُّكَّرِ「サトウキビ」。رَخِيصٌ「安い」。شَعْبِيٌّ「庶民的な」

---

カーナ・ル=フィルフィル・ル=ハーッル・マズルーアン・フィー・アムリーカ・ル=ウスター・ワ=ル=ジャヌービイヤ

**كَانَ ٱلْفِلْفِلُ ٱلْحَارُّ مَزْرُوعًا فِي أَمْرِيكَا ٱلْوُسْطَى وَٱلْجَنُوبِيَّةِ.**

唐辛子は中南米で栽培されていた。

▶حَارٌّ 290「hot」。مَزْرُوعًا「栽培される」（受動分詞）対＜زَرَعَ「栽培する」。أَمْرِيكَا「アメリカ」。وُسْطَى「中央の（最上級）」女＜أَوْسَطُ 男。جَنُوبِيَّةٌ「南の」女＜جَنُوبٌ 226

---

フズ=ニー・イラー・マトアミ=・ル=ビーラ・フィー=ヒ・ラズィーザ

**خُذْنِي إِلَى مَطْعَمٍ ٱلْبِيرَةُ فِيهِ لَذِيذَةٌ.**

私をビールの美味しい食堂に連れて行ってください。

▶خُذْ 男|単|命令＜أَخَذَ 162

| 1回目 年　月　日 | 2回目 年　月　日 | 3回目 年　月　日 | 達成率 |
|---|---|---|---|
| ／7 | ／7 | ／7 | 57 % |

288 □□□ サーヒン
سَاخِنٌ
形 熱い，温かい
- دَافِئٌ「暖かい，ぬるい」

289 □□□ バーリド
بَارِدٌ
形 冷たい
- بَرِيدٌ 男「郵便」

290 □□□ ハーッル
حَارٌّ
形 辛い（唐辛子系）；暑い
- مَالِحٌ「塩辛い」
- حَرَارَةٌ 女「熱，暑さ」

291 □□□ フルウ
حُلْوٌ
形 甘い
- حَلْوَى 女「お菓子，デザート」

292 □□□ フトゥール
فُطُورٌ
名|男 朝食
- إِفْطَارٌ 男「断食後の最初の食事」
- سَحُورٌ 男「ラマダーン月の夜明け前の最後の食事」
- أَفْطَرَ Ⅳ「朝食を摂る」

293 □□□ ガダーッ
غَدَاءٌ
名|男 昼食
- 複 أَغْدِيَةٌ
- غِذَاءٌ 男「栄養；食事」
- تَغَدَّى Ⅴ「昼食を摂る」

294 □□□ アシャーッ
عَشَاءٌ
名|男 夕食
- 複 أَعْشِيَةٌ
- عِشَاءٌ 男「晩（礼拝の時間帯）」(→502 لَيْلٌ)
- تَعَشَّى Ⅴ「夕食を摂る」

イシュラビー・シャーヤン・サーヒナン　カム・スッカラン・トゥリーディーン

**اِشْرَبِي شَايًا سَاخِنًا. كَمْ سُكَّرًا تُرِيدِينَ؟**

熱いお茶を飲みなさい。お砂糖はいくつ入れましょうか。

▶اِشْرَبِي「飲む」女|単|命令 < شَرِبَ 298。تُرِيدِينَ「欲する」2|女|単|未完|直説 < أَرَادَ 491

---

アッ=リヤーフ・ル=ジャヌービイヤ・バーリダ・フィー・ニスフィ・ル=クラ・ル=ジャヌービー

**اَلرِّيَاحُ ٱلْجَنُوبِيَّةُ بَارِدَةٌ فِي نِصْفِ ٱلْكُرَةِ ٱلْجَنُوبِيِّ.**

南半球では南風が冷たい。

▶رِيَاحٌ「風」複 < رِيحٌ 女 (参 هَوَاءٌ 455)。جَنُوبِيٌّ「南の」男 < جَنُوبٌ 226。نِصْفٌ「半分」。
كُرَةٌ「球」(参 اَلْكُرَةُ ٱلْأَرْضِيَّةُ 461「地球」)

---

サミウトゥ・アンナ・ッ=タアーマ・ル=ハーッル・ファッアール・リ=インカースィ・ル=ワズン

**سَمِعْتُ أَنَّ ٱلطَّعَامَ ٱلْحَارَّ فَعَّالٌ لِإِنْقَاصِ ٱلْوَزْنِ.**

辛い食べ物はダイエットに効果があると聞いた。

▶طَعَامٌ 295「食べ物」。فَعَّالٌ「効果的な」。إِنْقَاصٌ「縮小」。وَزْنٌ「重さ」

---

アル=ハルワヤートゥ・ル=ミスリイヤ・フルワ・ジッダン・バル・アハラー・ミナ・ッ=ラーズィム

**اَلْحَلْوَيَاتُ ٱلْمِصْرِيَّةُ حُلْوَةٌ جِدًّا بَلْ أَحْلَى مِنَ ٱللَّازِمِ.**

エジプト菓子はとても甘い，むしろ必要以上に甘すぎる。

▶حَلْوَيَاتٌ「菓子」複。مِصْرِيَّةٌ「エジプトの」女 < مِصْرُ 212。بَلْ「～ではなくて」(参 وَلٰكِنَّ 199)。
أَحْلَى「より甘い（比較級）」。لَازِمٌ「必要な」

---

アカルトゥ・サーンドゥウィチャーティ・フール・フィ・ル=フトゥール

**أَكَلْتُ سَانْدْوِتْشَاتِ فُولٍ فِي ٱلْفُطُورِ.**

私は朝食に煮込みそら豆のサンドイッチを食べた。

▶أَكَلْتُ「食べる」1|単|完 < أَكَلَ 297。سَانْدْوِيتْشَاتٌ「サンドイッチ」複 < سَانْدْوِيتْش 単。
فُولٌ「そら豆，そら豆の煮込み」

---

タナーウル・ル=ガダーッ・フィ・ッ=サーア・ッ=サーリサ・ダーイマン

**تَنَاوُلُ ٱلْغَدَاءِ فِي السَّاعَةِ ٱلثَّالِثَةِ دَائِمًا.**

昼食を摂るのはいつも３時だ。

▶تَنَاوُلٌ「摂取」< تَنَاوَلَ VI「摂る」。ثَالِثَةٌ「第3の」女

---

ウリード・アン・アタナーワラ・ワジュバ・ハフィーファ・フィ・ル=アシャーッ

**أُرِيدُ أَنْ أَتَنَاوَلَ وَجْبَةً خَفِيفَةً فِي ٱلْعَشَاءِ.**

私は夕食に軽い食事を摂りたい。

▶أُرِيدُ「欲する」1|単|未完|直説 < أَرَادَ 491。أَنْ 496「～すること」。
أَتَنَاوَلَ「摂る」1|単|未完|接続 < تَنَاوَلَ VI。وَجْبَةٌ「食事」。خَفِيفَةٌ「軽い」女 (反 ثَقِيلٌ「重い」)

| 1回目 | 年　月　日 ／7 | 2回目 | 年　月　日 ／7 | 3回目 | 年　月　日 ／7 | 達成率 59 % |
|---|---|---|---|---|---|---|

295 □□□ タアーム
طَعَامٌ
名|男 料理，食べ物
- 複 أَطْعِمَةٌ
- طَعْمٌ 男「味」

296 □□□ マシュルーブ
مَشْرُوبٌ
名|男 飲み物
- 複 مَشْرُوبَاتٌ

297 □□□ アカラ
أَكَلَ
動 食べる
- 未完 يَأْكُلُ
- 命令|男|単 كُلْ
- أَكْلٌ 男「食べること，食事」

298 □□□ シャリバ
شَرِبَ
動 飲む
- 未完 يَشْرَبُ

299 □□□ タバハ
طَبَخَ
動 料理する
- 未完 يَطْبُخُ

300 □□□ ジャウアーン
جَوْعَانُ
形 空腹の
- 女 جَوْعَى（ただし جَوْعَانَةٌ も用いられる）
- 複 جِيَاعٌ

301 □□□ アトシャーン
عَطْشَانُ
形 喉の渇いた
- 女 عَطْشَى（ただし عَطْشَانَةٌ も用いられる）
- 複 عِطَاشٌ

サ=ウジャッリブ・タアーマン・ナーディラン・ガイラ・マウジュード・フィ・ル=ヤーバーン

**سَأُجَرِّبُ طَعَامًا نَادِرًا غَيْرَ مَوْجُودٍ فِي ٱلْيَابَانِ.**

日本にない珍しい料理を試してみます。

▶ سَـ...「〜だろう(未来)」。أُجَرِّبُ「試みる」[1|単|未完|直説] <جَرَّبَ [II]。نَادِرٌ「珍しい」。
غَيْرٌ「〜ではない，〜以外」。مَوْجُودٌ「ある，いる」

インダ=フム・マシュルーバート・ガイル・クフーリイヤ・ファカト・フィー・ハーザ・ル=マトアム

**عِنْدَهُمْ مَشْرُوبَاتٌ غَيْرُ كُحُولِيَّةٍ فَقَطْ فِي هٰذَا ٱلْمَطْعَمِ.**

このレストランにはノンアルコール飲料だけしかない。

▶ غَيْرٌ「〜ではない，〜以外」。كُحُولِيَّةٌ「アルコールの」[女] <كُحُولٌ「アルコール」

ナズハブ・イラ・ル=イスカンダリイヤ・リ=ナアクラ・サマカン・ターザジャン

**نَذْهَبُ إِلَى ٱلْإِسْكَنْدَرِيَّةِ لِنَأْكُلَ سَمَكًا طَازَجًا.**

私たちは新鮮な魚を食べにアレキサンドリアに行く。

▶ ٱلْإِسْكَنْدَرِيَّةُ「アレキサンドリア」[固]。طَازَجٌ「新鮮な」

ハル・タシュラブ・マシュルーバニ・スム=フ・サハラブ

**هَلْ تَشْرَبُ مَشْرُوبًا ٱسْمُهُ سَحْلَبٌ؟**

サハラブという名の飲料を飲みますか。

▶ سَحْلَبٌ「サハラブ，salep」

ヤトブフ・タッバーハ・スィーニー・フィ・ル=マトアミ・ル=ヤーバーニー

**يَطْبُخُ طَبَّاخٌ صِينِيٌّ فِي ٱلْمَطْعَمِ ٱلْيَابَانِيِّ.**

日本料理店で中国人コックが調理をしている。

▶ طَبَّاخٌ「料理人」。صِينِيٌّ「中国(人)の」<اَلصِّينُ「中国」。يَابَانِيٌّ「日本の」<اَلْيَابَانُ **211**

アナ・ジャウアーン・ジッダン・ファ=ウリードゥ・アン・アークラ・アイヤ・シャイッ

**أَنَا جَوْعَانُ جِدًّا فَأُرِيدُ أَنْ آكُلَ أَيَّ شَيْءٍ.**

とてもお腹が空いた。何でもいいから食べたい。

▶ أُرِيدُ「欲する」[1|単|未完|直説] <أَرَادَ **491**。أَنْ **496**「〜すること」。
أَيّ「どんな〜であれ」([参] أَيّ **053** [疑])

クントゥ・アトシャーン・ワ=ラム・ヤクン・マイー・ズジャージャトゥ・マーッ

**كُنْتُ عَطْشَانَ وَلَمْ يَكُنْ مَعِي زُجَاجَةُ مَاءٍ.**

私は喉が渇いていたのに，水のボトルを持っていなかった。

▶ لَمْ「〜しなかった(否定辞)」。يَكُنْ「〜である」[3|男|単|未完|要求] <كَانَ **083**。زُجَاجَةٌ「瓶」

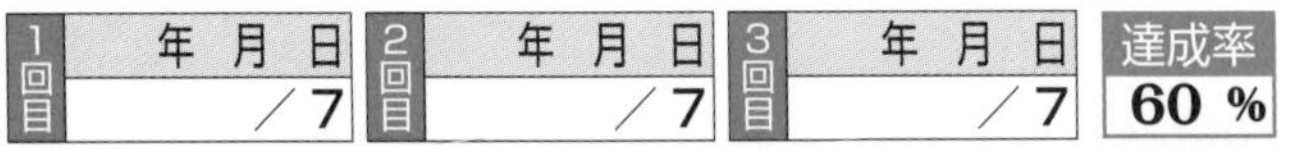

| 1回目 | 年 月 日 ／7 | 2回目 | 年 月 日 ／7 | 3回目 | 年 月 日 ／7 | 達成率 60 % |
|---|---|---|---|---|---|---|

302 □□□
ターウィラ
طَاوِلَةٌ
名|女 テーブル
▪ 複 طَاوِلَاتٌ
▪ مَائِدَةٌ 女「食事用テーブル，食卓」

303 □□□
タバク
طَبَقٌ
名|男 お皿；料理
▪ 複 أَطْبَاقٌ
▪ صَحْنٌ 男「皿や深い器」

304 □□□
ミルアカ
مِلْعَقَةٌ
名|女 スプーン
▪ 複 مَلَاعِقُ

305 □□□
シャウカ
شَوْكَةٌ
名|女 フォーク
▪ 複 شَوْكَاتٌ

306 □□□
スィッキーン
سِكِّينٌ
名|男 ナイフ
▪ 複 سَكَاكِينُ
▪ سَيْفٌ 男「剣」

307 □□□
クーブ
كُوبٌ
名|男 コップ
▪ 複 أَكْوَابٌ
▪ زُجَاجٌ「ガラス」

308 □□□
フィンジャーン
فِنْجَانٌ
名|男 コーヒーカップ
▪ 複 فَنَاجِينُ
▪ إِبْرِيقٌ 男「ポット」

ウリードゥ・アン・アハジザ・ターウィラ・フィー・マルカビ・ジャウラティ・ン=ニール

**أُرِيدُ أَنْ أَحْجِزَ طَاوِلَةً فِي مَرْكَبِ جَوْلَةِ ٱلنِّيلِ.**

ナイル・クルーズ船のテーブルを予約したい。

▶ أُرِيدُ「欲する」1|単|未完|直説 < أَرَادَ 491。 أَنْ 496「～すること」。 مَرْكَبٌ「船」。 جَوْلَةٌ「周遊」。 ٱلنِّيلُ「ナイル」

---

アル=フンムス・ビ=タヒーナ・タバク・シャーミー・マシュフール

**ٱلْحُمُّصُ بِطَحِينَةٍ طَبَقٌ شَامِيٌّ مَشْهُورٌ.**

ゴマのペースト入りひよこ豆ディップは有名な東アラブ料理だ。

▶ حُمُّصٌ「挽いたひよこ豆の料理」(参 حِمِّصٌ「ひよこ豆」)。 طَحِينَةٌ「ゴマのペースト」(参 سِمْسِمٌ「ゴマ」)。 شَامِيٌّ「シャーム地方の」< ٱلشَّامُ「シャーム」。 مَشْهُورٌ 485「有名な」

---

アディフ・ミルアカタイン・サギーラタイン・ミナ・ッ=スッカル・イラ・ル=ジャザル

**أَضِفْ مِلْعَقَتَيْنِ صَغِيرَتَيْنِ مِنَ ٱلسُّكَّرِ إِلَى ٱلْجَزَرِ.**

ニンジンに小さじ２杯のお砂糖を加えてください。

▶ أَضِفْ「加える」男|単|命令 < أَضَافَ Ⅳ。 جَزَرٌ「ニンジン」

---

フズィ・ッ=スィッキーン・ビ=ヤディ=カ・ル=ユムナー・ワ=ッ=シャウカ・ビ=ヤディ=カ・ル=ユスラー

**خُذِ ٱلسِّكِّينَ بِيَدِكَ ٱلْيُمْنَى وَٱلشَّوْكَةَ بِيَدِكَ ٱلْيُسْرَى.**

右手でナイフを，左手でフォークを持ちなさい。

▶ خُذْ 男|単|命令 < أَخَذَ 162。 سِكِّينٌ 306「ナイフ」。 يَدٌ 419「手」女。 يُمْنَى「右の」女 < أَيْمَنُ 男 (参 يَمِينٌ 229)。 يُسْرَى「左の」女 < أَيْسَرُ 男 (参 يَسَارٌ 230)

---

ウリード・スィッキーン・マトバフ・ジャディーダン

**أُرِيدُ سِكِّينَ مَطْبَخٍ جَدِيدًا.**

私は新しい包丁が欲しい。

▶ أُرِيدُ「欲する」1|単|未完|直説 < أَرَادَ 491

---

サッバ・ッ=シャーヤ・ッ=サーヒン・フィー・クービ・ッ=ズジャージ

**صَبَّ ٱلشَّايَ ٱلسَّاخِنَ فِي كُوبِ ٱلزُّجَاجِ.**

彼は熱いお茶をガラスのコップに注いだ。

▶ صَبَّ「注ぐ」3|男|単|完

---

サッバ・ル=カフワ・フィ・ル=フィンジャーン・ミナ・ル=カナカ・ビ=フドゥーッ

**صَبَّ ٱلْقَهْوَةَ فِي ٱلْفِنْجَانِ مِنَ ٱلْكَنَكَةِ بِهُدُوءٍ.**

彼は静かに小鍋からカップにコーヒーを注いだ。

▶ صَبَّ「注ぐ」3|男|単|完。 كَنَكَةٌ「(トルコ・コーヒー用の) 小鍋」。 هُدُوءٌ「静けさ，落ち着き」。 بِهُدُوءٍ「静かに」

| 1回目 | 年 月 日 | 2回目 | 年 月 日 | 3回目 | 年 月 日 | 達成率 |
|---|---|---|---|---|---|---|
| | ／7 | | ／7 | | ／7 | 61 % |

309 ハドラワート
خُضْرَوَاتٌ
名|複 野菜
▪ 同男 خُضَارٌ「野菜」

310 タマーティム
طَمَاطِمُ
名|集 トマト

311 バターティス
بَطَاطِسُ
名|複 イモ，ジャガイモ
▪ بَطَاطَا 女「サツマイモ」

312 バサル
بَصَلٌ
名|集 （タマ）ネギ
▪ ثَوْمٌ 集「ニンニク」
▪ بَصَلٌ أَخْضَرُ「長ネギ」

313 バーズィンジャーン
بَاذِنْجَانٌ
名|集 ナス
▪ 複 بَاذِنْجَانَاتٌ
▪ بَاذِنْجَانُ عَرُوسٍ أَبْيَضُ「マハシー(ドルマ)用の白ナス」
▪ بَاذِنْجَانٌ رُومِيٌّ「ムサカなどに使う紫の丸ナス」

314 ムルーヒイヤ
مُلُوخِيَّةٌ
名|女 モロヘイヤ
▪ بَامِيَا 女「オクラ」
▪ أَرْنَبٌ 男「ウサギ」

315 クーサ（ー）
كُوسَةٌ، كُوسَى
名|女 ズッキーニ
▪ خِيَارٌ 集「キュウリ」

イフタル・シュルバタ・ル=ハドラワート・アウ・シュルバタ・ル=アダス

**اِخْتَرْ شُورْبَةَ ٱلْخَضْرَوَاتِ أَوْ شُورْبَةَ ٱلْعَدَسِ.**

野菜スープかレンズ豆スープかを選んでください。

▶اِخْتَرْ「選ぶ」男|単|命令 < اِخْتَارَ Ⅷ。شُورْبَةٌ「スープ」。عَدَسٌ「レンズ豆」

---

ワダウトゥ・ル=バーミヤ・ル=マスルーカ・フィ・ッ=タマーティム・アラ・ル=アルッズ・ビ=ッ=シウリイヤ

**وَضَعْتُ ٱلْبَامِيَا ٱلْمَسْلُوقَةَ فِي ٱلطَّمَاطِمِ عَلَى ٱلْأَرُزِّ بِٱلشِّعْرِيَّةِ.**

私は極細麺入りご飯にオクラのトマト煮込みをかけた。

▶وَضَعْتُ「置く」1|単|完 < وَضَعَ 432。بَامِيَا「オクラ」。مَسْلُوقَةٌ「煮られた，茹でられた」女。شِعْرِيَّةٌ「極細麺」

---

アトルブ・ハムバルガル・ワ=バターティス・マクリイヤ

**أَطْلُبُ هَمْبَرْغَرْ وَبَطَاطِسَ مَقْلِيَّةً.**

私はハンバーガーとフライドポテトを注文する。

▶هَمْبَرْغَرْ「ハンバーガー」。مَقْلِيَّةٌ「揚げられた，炒められた」女

---

カッタア・バサラン・イラー・キタウ・サギーラ・ジッダン・ダーミアン

**قَطَّعَ بَصَلًا إِلَى قِطَعٍ صَغِيرَةٍ جِدًّا دَامِعًا.**

彼は，泣きながら，タマネギをみじん切りにした。

▶قَطَّعَ「細かく切る」3|男|単|完|Ⅱ。قِطَعٌ「一切れ」複 < قِطْعَةٌ 単。دَامِعًا「涙を流しつつ」(能動分詞) 男|単|対 < دَمَعَ「涙を流す」

---

アウワラン・アシュウィー・バーズィンジャーナン・リ=アトブハ・バーバー・ガンヌージ

**أَوَّلًا أَشْوِي بَاذِنْجَانًا لِأَطْبُخَ بَابَا غَنُّوجٍ.**

ババガンヌージュを作るため，まず私はナスを焼く。

▶أَوَّلًا「第一に」< أَوَّلٌ「第1」。أَشْوِي「焼く，炙る」1|単|未完|直説 < شَوَى。لِ「～するために」(同 لِكَيْ 203)。بَابَا غَنُّوجٍ「焼きナスのペースト」

---

ナアタキドゥ・アンナ・ル=ムルヒイヤ・ビ=ル=アラーニブ・アラッズ・ムルーヒイヤ

**نَعْتَقِدُ أَنَّ ٱلْمُلُوخِيَّةَ بِٱلْأَرَانِبِ أَلَذُّ مُلُوخِيَّةٍ.**

私たちは，ウサギ入りモロヘイヤが最も美味しいモロヘイヤだと思う。

▶نَعْتَقِدُ「思う」1|複|未完|直説 < اِعْتَقَدَ Ⅷ。أَرَانِبُ「ウサギ」複 < أَرْنَبٌ 単。أَلَذُّ「最も美味しい（最上級）」< لَذِيذٌ 287

---

リ=ナアマリ・ル=マハシー　ジャウウィフィ・ル=クーサ

**لِنَعْمَلِ ٱلْمَحْشِيَّ. جَوِّفِي ٱلْكُوسَةَ.**

マハシーを作りましょう。ズッキーニをくり抜いてください。

▶لِ「(要求 を伴い) ～させよ，Let...」。نَعْمَلْ「する，作る」1|複|未完|要求 < عَمِلَ。مَحْشِيٌّ「野菜に混ぜご飯を詰めた料理」。جَوِّفِي「くり抜く」女|単|命令 < جَوَّفَ Ⅱ

| 1回目 | 年　月　日 ／7 | 2回目 | 年　月　日 ／7 | 3回目 | 年　月　日 ／7 | 達成率 63 % |
|---|---|---|---|---|---|---|

316 □□□ ファーキハ
فَاكِهَةٌ
名|女 果物
- 複 فَوَاكِهُ

317 □□□ ザイトゥーン
زَيْتُونٌ
名|集 オリーブ
- زَيْتٌ 男「油」
- زَيْتُ زَيْتُونٍ「オリーブ油」

318 □□□ ブルトゥカール
بُرْتُقَالٌ
名|集 オレンジ
- يُوسُفُ أَفَنْدِي「みかん」

319 □□□ イナブ
عِنَبٌ
名|集 ブドウ
- 複 أَعْنَابٌ

320 □□□ ライムーン
لَيْمُونٌ
名|集 レモン
- 複 لَيْمُونَاتٌ
- حَامِضٌ「酸っぱい」

321 □□□ バッティーハ
بَطِّيخٌ
名|集 スイカ
- メロンの意味にもなる。

322 □□□ トゥッファーハ
تُفَّاحٌ
名|集 リンゴ
- 複 تُفَّاحَاتٌ, تَفَافِيحُ
- تُفَّاحَةٌ 個体名詞「リンゴ一個」
- فَرَاوِلَةٌ 女「イチゴ」

イシュタライトゥ・カアカタ・ル=ファワーキフ・ハディーヤ・ラ=フム

**اِشْتَرَيْتُ كَعْكَةَ ٱلْفَوَاكِهِ هَدِيَّةً لَهُمْ.**

私は彼らへのお土産にフルーツケーキを買った。

▶كَعْكَةٌ「ケーキ」。هَدِيَّةٌ「贈り物」

---

ユダーフ・イラ・ル=マールティーニー・ザイトゥーン・アフダル

**يُضَافُ إِلَى ٱلْمَارْتِينِي زَيْتُونٌ أَخْضَرُ.**

マティーニにはグリーンオリーブが入れられる。

▶يُضَافُ「加えられる」受|3|男|単|未完 <أَضَافَ「加える」Ⅳ。مَارْتِينِي「マティーニ」

---

アサルトゥ・ブルトゥカーラン・ビ=スッラ・リ=ナシュラバ・ル=アスィール

**عَصَرْتُ بُرْتُقَالًا بِسُرَّةٍ لِنَشْرَبَ ٱلْعَصِيرَ جَمِيعًا.**

みんなでジュースを飲もうと，私はネーブルオレンジを絞った。

▶عَصَرْتُ「絞る」1|単|完 <عَصَرَ。سُرَّةٌ「へそ」。لِ「〜するために」(同 لِكَيْ 203)。
جَمِيعًا「みんなで」

---

ワラク・ル=イナブ・フィー=ヒ・アルッズ・ワ=フダール・ワ=ラハム・マフルーム

**وَرَقُ ٱلْعِنَبِ فِيهِ أَرُزٌّ وَخُضَارٌ وَلَحْمٌ مَفْرُومٌ.**

ワラク・エナブにはお米と野菜とひき肉が入っている。

▶وَرَقُ ٱلْعِنَبِ（直訳：ブドウの葉）ブドウの葉で混ぜご飯を包んだ料理。خُضَارٌ「野菜」。
مَفْرُومٌ「細かく切り刻まれた」

---

マー・アスガラ・ッ=ライムーン

**مَا أَصْغَرَ ٱللَّيْمُونَ !**

何と小さいレモンでしょう！

▶مَا「何と！」(参 047)。أَصْغَرَ「より小さい（比較級）」対 <صَغِيرٌ 093

---

カタウ・ル=バッティーハ・ワ=カッシャルー=フ

**قَطَعُوا ٱلْبَطِّيخَ وَقَشَّرُوهُ.**

彼らはスイカを切り分けて皮をむいた。

▶قَطَعُوا「切る」3|男|複|完 <قَطَعَ。قَشَّرُوا「皮をむく」3|男|複|完 <قَشَّرَ Ⅱ

---

ウリード・シーシャ・ビ=タアミ・ッ=トゥッファーハ，ラウ・サマハタ

**أُرِيدُ شِيشَةً بِطَعْمِ ٱلتُّفَّاحِ ، لَوْ سَمَحْتَ.**

リンゴ味の水煙草をお願いします。

▶أُرِيدُ「欲する」1|単|未完|直説 <أَرَادَ 491。شِيشَةٌ「水煙草」。طَعْمٌ「味」。
لَوْ سَمَحْتَ「すみませんが」（直訳：もしあなた［男］が許すなら／お願いする際の表現）

| 1回目 | 年　月　日 ／7 | 2回目 | 年　月　日 ／7 | 3回目 | 年　月　日 ／7 | 達成率 64 % |
|---|---|---|---|---|---|---|

323 ナバート

# نَبَاتٌ

名|集 植物

- 複 نَبَاتَاتٌ

324 ザハル

# زَهْرٌ

名|集 花

- 複 زُهُورٌ, أَزْهَارٌ
- زَهْرَةٌ 個体名詞「花一輪」

325 ワルド

# وَرْدٌ

名|集 バラ，花

- 複 وُرُودٌ
- وَرْدَةٌ 個体名詞「バラ一輪，花一輪」
- アラブ世界で花の代表格はバラ。

326 シャジャル

# شَجَرٌ

名|集 木

- 複 أَشْجَارٌ
- شَجَرَةٌ 個体名詞「木一本」
- خَشَبٌ 男「材木」

327 ナフラ

# نَخْلَةٌ

名|女 ナツメヤシの木（個体名詞）

- نَخْلٌ 集
- تَمْرٌ 集「ナツメヤシの実」

328 ヤースミーン

# يَاسْمِينٌ

名|男 ジャスミン

329 バズル

# بَذْرٌ

名|集 種（たね）

- 複 بُذُورٌ
- بَذْرَةٌ 個体名詞「種一個」

アッ=サッバール・ミン・ナバーターティ・ッ=サハラーッ・ワ=ヤハタウィー・アラー・アスィール・カスィール

**ٱلصَّبَّارُ مِنْ نَبَاتَاتِ ٱلصَّحْرَاءِ وَيَحْتَوِي عَلَى عَصِيرٍ كَثِيرٍ.**

サボテンは沙漠の植物のひとつで，たくさん果汁を含んでいる。

▶صَبَّارٌ「サボテン」。صَحْرَاءُ 445「沙漠」。
يَحْتَوِي عَلَى ...「…を含む」3|男|単|未完|直説 < اِحْتَوَى عَلَى ... VIII

---

タアッラムトゥ・タンスィーカ・ッ=ズフール・フィ・ル=ヤーバーン

**تَعَلَّمْتُ تَنْسِيقَ ٱلزُّهُورِ فِي ٱلْيَابَانِ.**

私は日本で生け花を習った。

▶تَعَلَّمْتُ「学ぶ」1|単|完 < تَعَلَّمَ V（参 دَرَسَ 382）。تَنْسِيقٌ「調和：アレンジメント」

---

ジャーア・イラー・バイティ・ハティーバティ=ヒ・ビ=バーカティ・ワルド・ジャミーラ

**جَاءَ إِلَى بَيْتِ خَطِيبَتِهِ بِبَاقَةِ وَرْدٍ جَمِيلَةٍ.**

彼は婚約者の家に美しいバラの花束を持ってきた。

▶جَاءَ بِـ ...「…を持ってくる」3|男|単|完。خَطِيبَةٌ「婚約者」女。بَاقَةٌ「ブーケ」

---

トゥスビフ・アウラーク・ッ=シャジャル・ハムラーッ・フィ・ル=ハリーフ

**تُصْبِحُ أَوْرَاقُ ٱلشَّجَرِ حَمْرَاءَ فِي ٱلْخَرِيفِ.**

木の葉は秋に赤くなる。

▶تُصْبِحُ「なる」3|女|単|未完|直説 < أَصْبَحَ IV 100。خَرِيفٌ「秋」

---

ラカド・アカルナー・タムラン・ミナ・ン=ナフラ

**لَقَدْ أَكَلْنَا تَمْرًا مِنَ ٱلنَّخْلَةِ.**

私たちはそのヤシの木のナツメヤシを食べました。

▶لَقَدْ「既に」。تَمْرٌ「ナツメヤシ（実）」

---

ウリード・イトラン・ビ=リーハティ・ル=ヤースミーン

**أُرِيدُ عِطْرًا بِرِيحَةِ ٱلْيَاسْمِينِ.**

ジャスミンの香りの香水が欲しい。

▶أُرِيدُ「欲する」1|単|未完|直説 < أَرَادَ 491。عِطْرٌ「香水」。رِيحَةٌ「におい，香り」

---

ナクトゥル・ル=ワクト・アーキリーン・ブズーラ・ル=バッティーフ

**نَقْتُلُ ٱلْوَقْتَ آكِلِينَ بُذُورَ ٱلْبَطِّيخِ.**

私たちはスイカの種を食べながら時間を潰す。

▶نَقْتُلُ「殺す」1|複|未完|直説 < قَتَلَ。وَقْتٌ「時，時間」。
آكِلِينَ「食べつつ」（能動分詞）男|複|対 < أَكَلَ 297

330 □□□

ハヤワーン

**حَيَوَانٌ**

名|男 動物；畜生

- 複 حَيَوَانَاتٌ

331 □□□

ジャマル

**جَمَلٌ**

名|男 ラクダ

- 複 جِمَالٌ
- 女 نَاقَةٌ「雌ラクダ」

332 □□□

カルブ

**كَلْبٌ**

名|男 犬

- 複 كِلَابٌ

333 □□□

キット

**قِطٌّ**

名|男 猫

- 複 قِطَطٌ
- 女 قِطَّةٌ「雌猫」

334 □□□

ヒマール

**حِمَارٌ**

名|男 ロバ

- 複 حَمِيرٌ
- حِصَانٌ 男「馬」
- بَغْلٌ 男「ラバ」

335 □□□

タイル

**طَيْرٌ**

名|集 鳥（個体名詞としても用いられる）

- 複 طُيُورٌ
- طَائِرٌ 男「鳥（一羽）」　حَمَامٌ 集「ハト」
- عُصْفُورٌ 男「ツバメその他の小鳥」

336 □□□

バイダ

**بَيْضَةٌ**

名|女 卵（個体名詞）

- 複 بَيْضَاتٌ
- 集 بَيْضٌ

トゥズカル・アスマーゥ・アンワーウ・ムフタリファ・ミナ・ル=ハヤワーナート・フィ・ル=クルアーン

**تُذْكَرُ أَسْمَاءُ أَنْوَاعٍ مُخْتَلِفَةٍ مِنَ ٱلْحَيَوَانَاتِ فِي ٱلْقُرْآنِ.**

コーラン（アル=クルアーン）にはさまざまな種類の動物の名が出てくる。

▶تُذْكَرُ「述べられる」受|3|女|単|未完 < ذَكَرَ「述べる」。أَنْوَاعٌ「種類」複 < نَوْعٌ 単。
مُخْتَلِفَةٌ 368「異なる」女。ٱلْقُرْآنُ 339「コーラン（アル=クルアーン）」

---

ハダア=ニー・カーイドゥ・ル=ジャマル・ワ=アハザ・ミンニー・マブラガン・ガイラ・マアクール

**خَدَعَنِي قَائِدُ ٱلْجَمَلِ وَأَخَذَ مِنِّي مَبْلَغًا غَيْرَ مَعْقُولٍ.**

ラクダ引きにぼったくられた。

▶خَدَعَ「だます」3|男|単|完。قَائِدٌ「導く人」。مَبْلَغٌ「金額」。غَيْرٌ「～ではない，～以外」。
مَعْقُولٌ「妥当な」

---

バダア・ル=カルブ・ユカッリドゥ・サウタ・サイヤーラティ・ル=イスアーフ

**بَدَأَ ٱلْكَلْبُ يُقَلِّدُ صَوْتَ سَيَّارَةِ ٱلْإِسْعَافِ.**

その犬は救急車の音の真似をし始めた。

▶يُقَلِّدُ「真似る」3|男|単|未完|直説 < قَلَّدَ II。صَوْتٌ「声」。إِسْعَافٌ「救助」。
سَيَّارَةُ ٱلْإِسْعَافِ「救急車」

---

イン・ガーバ・ル=キットゥ・ライバ・ル=ファアル

**إِنْ غَابَ ٱلْقِطُّ لَعِبَ ٱلْفَأْرُ.**

猫が不在ならば鼠が遊ぶ。（鬼の居ぬ間に洗濯）

▶إِنْ「もし」。غَابَ「不在である」3|男|単|完。 لَعِبَ 381「遊ぶ」3|男|単|完。فَأْرٌ「鼠」

---

アル=アーシク・ヒマール

**اَلْعَاشِقُ حِمَارٌ.**

恋する者はロバである。（恋は盲目）

▶عَاشِقٌ「恋をしている者」。 ロバは愚か者の例え。

---

アッ=ダジャージュ・ミナ・ッ=トゥユール・ワラーキンナ=フ・ラー・ヤティール

**اَلدَّجَاجُ مِنَ ٱلطُّيُورِ وَلٰكِنَّهُ لَا يَطِيرُ.**

鶏は鳥の一種だが，飛ばない。

▶دَجَاجٌ「鶏」。لَا「～しない（否定辞）」。يَطِيرُ「飛ぶ」3|男|単|未完|直説 < طَارَ

---

ハル・タアクル・バイダ・マスルーカ・アム・バイダ・マクリイヤ

**هَلْ تَأْكُلُ بَيْضَةً مَسْلُوقَةً أَمْ بَيْضَةً مَقْلِيَّةً؟**

ゆで卵を食べますか，それとも目玉焼きにしますか。

▶مَسْلُوقَةٌ「煮られた，茹でられた」女。أَمْ「あるいは」（同 أَوْ 198）。
مَقْلِيَّةٌ「揚げられた，炒められた」女

| 1回目 年 月 日 ／7 | 2回目 年 月 日 ／7 | 3回目 年 月 日 ／7 | 達成率 67 % |
|---|---|---|---|

# 文法復習④　動詞の完了形と未完了形直説形

アラビア語の動詞の体系は以下のようになっています。

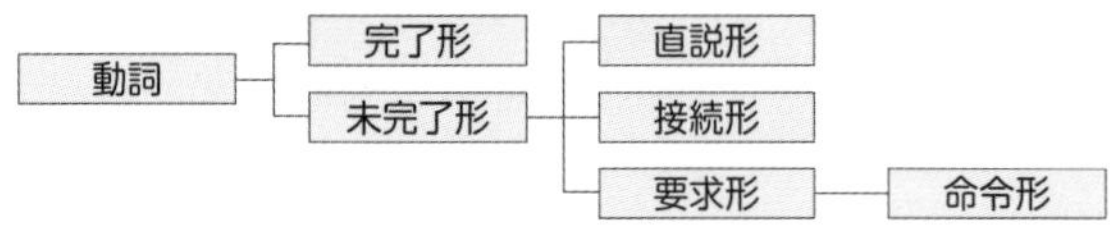


以下に第1形の活用を挙げますが，完了形の語尾，未完了形の語頭と語尾の変化は，後述する派生形動詞でも共通するものです。

## 完了形（第1形）の活用

「〜した」のように，完了した行為や状態を表します。

太線の下では第3語根（ل）が無母音となります。第2語根（ع）の母音は i や u になるものもあります。

| | 単数形 | 双数形 | 複数形 |
|---|---|---|---|
| 彼 | فَعَلَ | فَعَلَا | فَعَلُوا |
| 彼女 | فَعَلَتْ | فَعَلَتَا | فَعَلْنَ |
| あなた 男 | فَعَلْتَ | فَعَلْتُمَا | فَعَلْتُمْ |
| あなた 女 | فَعَلْتِ | | فَعَلْتُنَّ |
| 私 | فَعَلْتُ | فَعَلْنَا | |

## 未完了形（第1形）の直説形の活用

まだ完了していない行為や状態を表します。すなわち，現在（「〜する」「〜している」）や未来（「〜するだろう」）を示します。

未来であることを明示したい場合は，動詞の前に ...سَـ あるいは سَوْفَ を置きます。第2語根（ع）の母音は動詞によって異なります。

| | 単数形 | 双数形 | 複数形 |
|---|---|---|---|
| 彼 | يَفْعَلُ | يَفْعَلَانِ | يَفْعَلُونَ |
| 彼女 | تَفْعَلُ | تَفْعَلَانِ | يَفْعَلْنَ |
| あなた 男 | تَفْعَلُ | تَفْعَلَانِ | تَفْعَلُونَ |
| あなた 女 | تَفْعَلِينَ | | تَفْعَلْنَ |
| 私 | أَفْعَلُ | نَفْعَلُ | |

● 第2語根の母音

完了形では，第2語根の母音は a になる場合が最も多く、次いで i，そして u は形容詞的な意味を持つ少数の動詞に限られます（例：كَبُرَ kabura「大きくある，大きくなる」)。

未完了形における第2語根の母音については，以下のような傾向があります。

| 完了形の第2語根の母音 | a | i | u |
|---|---|---|---|
| 未完了形の第2語根の母音 | a，i，u（傾向なし） | a | u |

例えば，شَرِبَ「飲む（完了形)」→ يَشْرَبُ（未完了形)，
كَبُرَ「大きくある／なる（完了形)」→ يَكْبُرُ（未完了形） など。

● 名詞文と動詞文の注意

主語が3人称の場合，主語＋動詞の語順の文（名詞文）では，動詞の形は性・数ともに主語に合わせますが，動詞＋主語の語順の文（動詞文）では，動詞の形は性のみ主語に合わせて単数形となります。

「学生たちは勉強した」
名詞文 اَلطُّلَّابُ دَرَسُوا. アッ＝トゥッラーブ・ダラスー
動詞文 دَرَسَ ٱلطُّلَّابُ. ダラサ・ッ＝トゥッラーブ

## 発音と読み方4

子音は2連続までしかしません。前述の連続ハムザの脱落で子音が3連続してしまう場合は，補助母音を入れて連続を阻止します。補助母音はほとんどが「ィ」です。

- عَنْ + ٱلْيَابَانِ ʻan + l-yābāni
  → عَنِ ٱلْيَابَانِ ʻani l-yābāni
  「日本から，日本について」

例外的に「ァ」「ゥ」の場合もありますので，例外が出てきたら注意しておきましょう。

- مِنْ + ٱلْيَابَانِ min + l-yābāni
  → مِنَ ٱلْيَابَانِ mina l-yābāni
  「日本から」
- وَعَلَيْكُمْ + ٱلسَّلَامُ wa-ʻalay-kum + s-salāmu
  → وَعَلَيْكُمُ ٱلسَّلَامُ. wa-ʻalay-kumu s-salāmu
  「ごきげんよう（返事)」

また，長母音＋子音2連続となってしまう場合は，長母音を短母音に変えて発音します。

- إِلَى + ٱلْيَابَانِ ʼilā + l-yābāni → إِلَى ٱلْيَابَانِ ʼila l-yābāni 「日本へ」

337 アッラー

اَللّٰهُ

固|男 アッラー（唯一神）

- إِلٰهٌ 男「(一般的に) 神」
- رَبٌّ 男「主(しゅ)」

338 アル=イスラーム

اَلْإِسْلَامُ

固|男 イスラーム

- دِينٌ 男「宗教」

339 アル=クルアーン

اَلْقُرْآنُ

固|男 クルアーン（コーラン）

- مُصْحَفٌ 男「コーランの本, コーラン1冊」
- حَافِظٌ 男「コーラン全文暗誦者」

340 ナビー

نَبِيٌّ

名|男 預言者（神の言葉を預かっている人）

- 複 أَنْبِيَاءُ
- رَسُولٌ 男「使者, 使徒(神の言葉を伝える人)」

341 サラー

صَلَاةٌ

名|女 礼拝（決まった時刻に行う）

- 複 صَلَوَاتٌ
- قِبْلَةٌ「キブラ(礼拝の方角)」
- دُعَاءٌ 男「祈り(願い事など)」

342 サウム

صَوْمٌ

名|男 断食

- 同男 صِيَامٌ

343 ハッジュ

حَجٌّ

名|男 メッカ大巡礼（手順に従った巡礼月の巡礼）

- 複 حِجَجٌ, حَجَّاتٌ
- عُمْرَةٌ 女「メッカ小巡礼(時期を問わない)」
- حَاجٌّ「巡礼者(メッカ大巡礼を終えた人に対する尊称)」

イン・シャーア・ッラー

**إِنْ شَاءَ ٱللّٰهُ.**

もしアッラーがお望みになるならば。（未来について言及するときに言う）

▶ إِنْ「もし」。شَاءَ「望む」3|男|単|完

---

サウム・ラマダーン・アハド・アルカーニ・ル=イスラーム

**صَوْمُ رَمَضَانَ أَحَدُ أَرْكَانِ ٱلْإِسْلَامِ.**

ラマダーンの断食は，イスラームの柱（五行）のひとつだ。

▶ صَوْمٌ 342「断食」。أَحَدٌ「1つ」男。أَرْكَانٌ「柱，支柱」複 < رُكْنٌ 単

---

ナザラ・ル=クルアーン・フィー・シャハリ・ラマダーン・アウワラン

**نَزَلَ ٱلْقُرْآنُ فِي شَهْرِ رَمَضَانَ أَوَّلًا.**

コーラン（アル=クルアーン）はまずラマダーン月に下った。

▶ أَوَّلًا「第一に」< أَوَّلٌ「第1」

---

ライサ・イーサ・ブナ・ッラーヒ・ワ=フワ・ナビー・ミナ・ル=アンビヤーッ

**لَيْسَ عِيسَى ٱبْنَ ٱللّٰهِ وَهُوَ نَبِيٌّ مِنَ ٱلْأَنْبِيَاءِ.**

イーサーはアッラーの息子ではなく，預言者の一人だ。

▶ عِيسَى「イーサー（イエスに該当）」固

---

ナズハブ・イラ・ル=ジャーミウ・リ=サラーティ・ル=ジュムア・ル=ヤウム

**نَذْهَبُ إِلَى ٱلْجَامِعِ لِصَلَاةِ ٱلْجُمْعَةِ ٱلْيَوْمَ.**

今日，私たちは金曜礼拝のためモスクにいく。

▶ جَامِعٌ 346「金曜モスク」。ٱلْجُمْعَةُ「金曜日」（参 174）

---

ヤクームーン・ビ=ッ=サウム・ミナ・ル=ファジュル・イラ・ル=マグリブ

**يَقُومُونَ بِٱلصَّوْمِ مِنَ ٱلْفَجْرِ إِلَى ٱلْمَغْرِبِ.**

彼らは夜明けから日没まで断食をする。

▶ يَقُومُونَ بِـ...「…を遂行する」3|男|複|未完|直説 < قَامَ بِـ...（参 163）。فَجْرٌ「夜明け」。
مَغْرِبٌ 215「日没時」

---

ヌサンミー・マン・アタンマ・ル=ハッジ・ハーッジャン

**نُسَمِّي مَنْ أَتَمَّ ٱلْحَجَّ حَاجًّا.**

大巡礼を終えた人のことをハーッジ（巡礼者）と呼ぶ。

▶ نُسَمِّي「呼ぶ，名付ける」1|複|未完|直説 < سَمَّى II。مَنْ「～する者」（関係詞）。
أَتَمَّ「終える」3|男|単|完|IV。حَاجٌّ「巡礼者」

| 1回目 | 年　月　日 ／7 | 2回目 | 年　月　日 ／7 | 3回目 | 年　月　日 ／7 | 達成率 69 % |
|---|---|---|---|---|---|---|

344 ☐☐☐ ムスリム

مُسْلِمٌ

名|男 イスラーム教徒

▪ 複 مُسْلِمُونَ

▪ مُسْلِمَةٌ 女「女性イスラーム教徒」

345 ☐☐☐ マスジド

مَسْجِدٌ

名|男 モスク

▪ 複 مَسَاجِدُ

▪ مُصَلًّى 男「礼拝室（小規模）」

346 ☐☐☐ ジャーミウ

جَامِعٌ

名|男 金曜モスク（大きいモスク）

▪ 複 جَوَامِعُ

347 ☐☐☐ アザーン

أَذَانٌ

名|男 アザーン（礼拝への呼び掛け）

▪ مُؤَذِّنٌ 男「アザーンを唱える人」

348 ☐☐☐ マウリド

مَوْلِدٌ

名|男（預言者や聖者の）生誕祭；（一般的に）誕生日，誕生地

▪ 複 مَوَالِدُ

349 ☐☐☐ サッラー

صَلَّى

動|派|II 礼拝する

▪ 未完 يُصَلِّي

350 ☐☐☐ サーマ

صَامَ

動 断食する

▪ 未完 يَصُومُ

▪ 完|1|単 صُمْتُ

アハル・ル=キターブ・フム・ル=ヤフード・ワ=ル=マスィーヒーユーン・ワ=ル=ムスリムーン

**أَهْلُ ٱلْكِتَابِ هُمُ ٱلْيَهُودُ وَٱلْمَسِيحِيُّونَ وَٱلْمُسْلِمُونَ.**

啓典の民とは，ユダヤ教徒とキリスト教徒とイスラーム教徒である。

▶أَهْلٌ「一族，民」。كِتَابٌ 469「本（ここでは啓典のこと）」。يَهُودٌ「ユダヤ教徒」集 <يَهُودِيٌّ 単。مَسِيحِيُّونَ「キリスト教徒」男|複 <مَسِيحِيٌّ 単

---

タカウ・ル=カアバ・ワスタ・ル=マスジディ・ル=ハラーム・フィー・マッカタ・ル=ムカッラマ

**تَقَعُ ٱلْكَعْبَةُ وَسْطَ ٱلْمَسْجِدِ ٱلْحَرَامِ فِي مَكَّةَ ٱلْمُكَرَّمَةِ.**

カアバは聖なるメッカのハラーム・モスクの中心に位置する。

▶تَقَعُ「位置する；落ちる」3|女|単|未完|直説 <وَقَعَ。ٱلْكَعْبَةُ「カアバ神殿」。وَسْطَ「～の中央に」。مَكَّةُ「メッカ」。مُكَرَّمَةٌ「尊ばれる」女

---

ジャーミウ・トーキョー・マスジド・トゥルキー・フィー・ハイイ・シブヤ

**جَامِعُ طُوكِيُو مَسْجِدٌ تُرْكِيٌّ فِي حَيِّ "شِيبُويَا".**

東京ジャーミィは渋谷区にあるトルコ系モスクである。

▶طُوكِيُو「東京」。تُرْكِيٌّ「トルコの」<تُرْكِيَا「トルコ」固。حَيٌّ「地区」

---

イザー・サミウトゥ・ル=アザーン・アスラウトゥ・イラ・ル=マスジド

**إِذَا سَمِعْتُ ٱلْأَذَانَ أَسْرَعْتُ إِلَى ٱلْمَسْجِدِ.**

私はアザーンが聞こえたらモスクに急ぐ。

▶إِذَا「もし」。أَسْرَعْتُ「急いで行く」1|単|完 <أَسْرَعَ IV

---

ナシュタリー・ハルワヤーティ・ッ=スッカル・ビ=ムナーサバティ・マウリディ・ン=ナビー

**نَشْتَرِي حَلْوَيَاتِ ٱلسُّكَّرِ بِمُنَاسَبَةِ مَوْلِدِ ٱلنَّبِيِّ.**

私たちは預言者生誕祭に際して砂糖菓子を買う。

▶حَلْوَيَاتٌ「菓子」複。مُنَاسَبَةٌ「機会，折り」

---

ユサッリ・ッ=シーア・サラーサ・マッラート・フィ・ル=ヤウム

**يُصَلِّي ٱلشِّيعَةُ ثَلَاثَ مَرَّاتٍ فِي ٱلْيَوْمِ.**

シーア派の信者は，1日に3回礼拝する。

▶اَلشِّيعَةُ「シーア派；シーア派の信者たち」。ثَلَاثٌ「3」（女に用いる）。مَرَّاتٌ「回」複 <مَرَّةٌ 単

---

サーマト・イッダタ・マッラート・フィー・シャハリ・シャアバーン

**صَامَتْ عِدَّةَ مَرَّاتٍ فِي شَهْرِ شَعْبَانَ.**

彼女はシャアバーン月に幾度か断食した。

▶عِدَّةٌ 女「いくつかの」。مَرَّاتٌ「回」複 <مَرَّةٌ 単。شَعْبَانُ「シャアバーン（ヒジュラ暦8月）」

| 1回目 | 年 月 日 | 2回目 | 年 月 日 | 3回目 | 年 月 日 | 達成率 |
|---|---|---|---|---|---|---|
| | ／7 | | ／7 | | ／7 | 70 % |

351 ジャンナ
جَنَّةٌ
名|女 天国
- 複 جَنَّاتٌ

352 ジャハンナム
جَهَنَّمُ
名|女 地獄
- 同女 جَحِيمٌ（男もあり）

353 ナール
نَارٌ
名|女 火，炎
- 複 نِيرَانٌ
- اَلنَّارُ「地獄」

354 シャイターン
شَيْطَانٌ
名|男 悪魔，サタン
- 複 شَيَاطِينُ
- مَلَاكٌ 男「天使」

355 カニーサ
كَنِيسَةٌ
名|女 教会
- 複 كَنَائِسُ
- مَعْبَدٌ 男「聖堂，寺院，神殿など」
  مَعْبَدٌ بُوذِيٌّ「寺」

356 イーマーン
إِيمَانٌ
名|男 信仰
- آمَنَ بِـ ... 派|Ⅳ「…を信じる」
- مُؤْمِنٌ 男「信仰者」

357 イード
عِيدٌ
名|男 祭り，祭日
- 複 أَعْيَادٌ
- عِيدُ ٱلْأَضْحَى「犠牲祭」 عِيدُ ٱلْفِطْرِ「断食明け祭」 ذِكْرَى 女「記念日；思い出」

フィ・ル=ジャンナ・ナハル・ミナ・ル=ハムル・ワラーキンナ=フ・ラー・ユスキル

**فِي ٱلْجَنَّةِ نَهْرٌ مِنَ ٱلْخَمْرِ وَلٰكِنَّهُ لَا يُسْكِرُ.**

天国にはお酒の川があるが，それは酔わせない。

▶نَهْرٌ 443「川」。خَمْرٌ「酒」。لَا「～しない（否定辞）」。
يُسْكِرُ「酔わせる」3|男|単|未完|直説 <أَسْكَرَ Ⅳ

---

ナアタキドゥ・アンナ・フィー・ジャハンナム・ビルカタ・ッ=ディマーッ・ワ=ジャバラ・ル=イバル

**نَعْتَقِدُ أَنَّ فِي جَهَنَّمَ بِرْكَةَ ٱلدِّمَاءِ وَجَبَلَ ٱلْإِبَرِ.**

私たちは地獄に血の池と針の山があると思う。

▶نَعْتَقِدُ「思う」1|複|未完|直説 <اِعْتَقَدَ Ⅷ。بِرْكَةٌ「池」。دِمَاءٌ「血」複 <دَمٌ 単。جَبَلٌ 444「山」。
إِبَرٌ「針」複 <إِبْرَةٌ 単

---

ジャハンナム・シャディーダトゥ・ル=ハラーラ・ミスラ・ン=ナール

**جَهَنَّمُ شَدِيدَةُ ٱلْحَرَارَةِ مِثْلَ ٱلنَّارِ.**

地獄は，炎のように，熱さが激しい。

▶شَدِيدَةٌ「激しい」女。حَرَارَةٌ「熱」。شَدِيدَةُ ٱلْحَرَارَةِ「熱さの激しい」女

---

アウーズ・ビ=ッラーヒ・ミナ・ッ=シャイターニ・ッ=ラジーム

**أَعُوذُ بِٱللّٰهِ مِنَ ٱلشَّيْطَانِ ٱلرَّجِيمِ.**

私は呪われた悪魔から逃れてアッラーにご加護を求めます。（コーランの聖句を唱える前などに言う文句）

▶أَعُوذُ بِـ ... مِنْ ---「---から逃れて…に加護を求める」1|単|未完|直説 <عَاذَ بِـ ... مِنْ ---。
رَجِيمٌ「呪われた」

---

アル=カニーサ・ル=ムアッラカ・カニーサ・キブティイヤ・タカウ・フィー・ミスラ・ル=カディーマ

**اَلْكَنِيسَةُ ٱلْمُعَلَّقَةُ كَنِيسَةٌ قِبْطِيَّةٌ تَقَعُ فِي مِصْرَ ٱلْقَدِيمَةِ.**

ムアッラカ教会（ハンギング・チャーチ）は，オールド・カイロにあるコプトの教会だ。

▶مُعَلَّقَةٌ「吊るされた」女。قِبْطِيَّةٌ「コプト正教会の」女。
تَقَعُ「位置する；落ちる」3|女|単|未完|直説 <وَقَعَ。مِصْرُ ٱلْقَدِيمَةُ「オールド・カイロ」

---

アルカーヌ・ル=イーマーニ・ッ=スィッタ・アウワル=ハー・フワ・ル=イーマーン・ビ=ッラー

**أَرْكَانُ ٱلْإِيمَانِ ٱلسِّتَّةُ أَوَّلُهَا هُوَ ٱلْإِيمَانُ بِٱللّٰهِ.**

6本の信仰の柱（六信）の第一は，アッラーへの信仰である。

▶أَرْكَانٌ「柱，支柱」複 <رُكْنٌ 単。سِتَّةٌ「6」（男 に用いる）。أَوَّلٌ「第1」

---

イード・ムバーラク

**عِيدٌ مُبَارَكٌ!**

イードおめでとう！（直訳：祝福された祭日）

▶مُبَارَكٌ「祝福された」

| 1回目 年 月 日 | 2回目 年 月 日 | 3回目 年 月 日 | 達成率 |
|---|---|---|---|
| ／7 | ／7 | ／7 | 72 % |

358 □□□

ルガ

لُغَةٌ

名|女 言語

▪ 複 لُغَاتٌ

▪ اَللُّغَةُ ٱلْأُمُّ「母語」

359 □□□

ラハジャ

لَهْجَةٌ

名|女 方言

▪ 複 لَهَجَاتٌ

▪ 同 女 دَارِجَةٌ

▪ 類 女 عَامِّيَّةٌ「口語」

360 □□□

ハルフ

حَرْفٌ

名 文字；小詞（前置詞や接続詞等の類い）

▪ 複 حُرُوفٌ, أَحْرُفٌ

▪ خَطٌّ 男「線，（手書きの）文字」

▪ اَلْخَطُّ ٱلْعَرَبِيُّ「アラビア書道」

361 □□□

カリマ

كَلِمَةٌ

名|女 単語

▪ 複 كَلِمَاتٌ

▪ 類 男|複 مُفْرَدَاتٌ「語彙，ボキャブラリー」

▪ مَعْنًى 男「意味」

362 □□□

ジュムラ

جُمْلَةٌ

名|女 文

▪ 複 جُمَلٌ

▪ نَصٌّ 男「文章，テキスト」

363 □□□

タアビール

تَعْبِيرٌ

名|男 表現，表出

▪ 複 تَعْبِيرَاتٌ

▪ 類 女 عِبَارَةٌ「表現」

364 □□□

アル＝フスハー

اَلْفُصْحَى

名|女 正則語

▪ قَوَاعِدُ 複「文法」

▪ نَحْوٌ 男「統語論」

▪ صَرْفٌ 男「形態論」

ウリード・アン・アタアッラマ・ルガート・アジュナビイヤ・カスィーラ・フィ・ル=ジャーミア

**أُرِيدُ أَنْ أَتَعَلَّمَ لُغَاتٍ أَجْنَبِيَّةً كَثِيرَةً فِي ٱلْجَامِعَةِ.**

私は大学でたくさんの外国語を学びたい。

▶أُرِيدُ「欲する」1|単|未完|直説 <أَرَادَ 491。أَنْ 496「〜すること」。
أَتَعَلَّمَ「学ぶ」1|単|未完|接続 <تَعَلَّمَ V。أَجْنَبِيَّةٌ「外国の」女 369

---

アッ=ルガ・ル=マルティイヤ・ラハジャ・ミン・ラハジャーティ・ッ=ルガ・ル=アラビイヤ

**اَللُّغَةُ ٱلْمَالْطِيَّةُ لَهْجَةٌ مِنْ لَهَجَاتِ ٱللُّغَةِ ٱلْعَرَبِيَّةِ.**

マルタ語はアラビア語の方言のひとつだ。

▶مَالْطِيَّةٌ「マルタの」女 <مَالْطَا「マルタ」。عَرَبِيَّةٌ「アラビアの」女 <عَرَبٌ 224

---

ウクトゥビ・スミー・ビ=ル=フルーフィ・ル=アラビイヤ，ミン・ファドリ=カ

**أُكْتُبِ ٱسْمِي بِٱلْحُرُوفِ ٱلْعَرَبِيَّةِ، مِنْ فَضْلِكَ.**

私の名前をアラビア文字で書いてください。

▶عَرَبِيَّةٌ「アラビアの」女 <عَرَبٌ 224。مِنْ فَضْلِكَ「(男|単に対して) どうか」

---

ラー・アジド・ハーズィヒ・ル=カリマ・フィ・ル=カームース

**لَا أَجِدُ هٰذِهِ ٱلْكَلْمَةَ فِي ٱلْقَامُوسِ.**

この単語が辞書で見つからない。

▶لَا「〜しない（否定辞）」。أَجِدُ「見つける」1|単|未完|直説 <وَجَدَ 371。قَامُوسٌ「辞書」

---

ダア・ノクタ・フィー・ニハーヤティ・ル=ジュムラ

**ضَعْ نُقْطَةً فِي نِهَايَةِ ٱلْجُمْلَةِ.**

文末に点（ピリオド）を付けなさい。

▶ضَعْ「置け」男|単|命令 <وَضَعَ 432「置く」。نُقْطَةٌ「点」。نِهَايَةٌ「終わり」

---

ハーズィヒ・タアビーラート・ムフィーダ・フィ・ル=ハヤーティ・ル=ヤウミイヤ

**هٰذِهِ تَعْبِيرَاتٌ مُفِيدَةٌ فِي ٱلْحَيَاةِ ٱلْيَوْمِيَّةِ.**

これらは日常生活で役に立つ表現だ。

▶مُفِيدَةٌ「役に立つ」女。حَيَاةٌ 391「生活，ライフ」。يَوْمِيَّةٌ「日常的な」女 <يَوْمٌ 190

---

アズンヌ・アンナ・ル=フスハー・ヒヤ・ルガトゥ・ル=クルアーン

**أَظُنُّ أَنَّ ٱلْفُصْحَى هِيَ لُغَةُ ٱلْقُرْآنِ.**

フスハーはコーラン（アル=クルアーン）の言葉であると思う。

▶أَظُنُّ「思う」1|単|未完|直説 <ظَنَّ

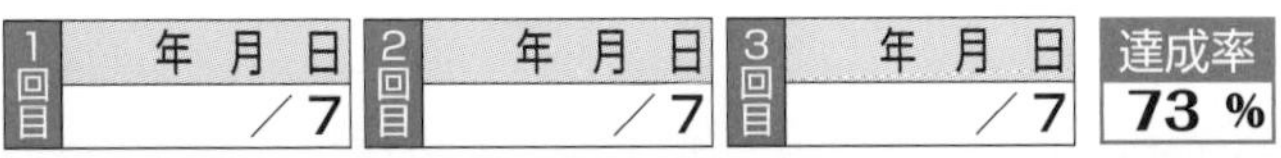

365 □□□ タカッラマ
تَكَلَّمَ
動|派|V （言語を）話す
- 未完 يَتَكَلَّمُ
- تَحَدَّثَ 派|V 「(何かの話題について) 話す」
صَوْتٌ 男「音，声」 نُطْقٌ 男「発音」

366 □□□ ファヒマ
فَهِمَ
動 理解する
- 未完 يَفْهَمُ

367 □□□ タルジャマ
تَرْجَمَ
動（四語根）翻訳する，通訳する
- 未完 يُتَرْجِمُ
- تَرْجَمَةٌ 女「翻訳」

368 □□□ ムフタリフ
مُخْتَلِفٌ
形 異なる
- فَرْقٌ 男「違い」
- مُشَابِهٌ「似ている」
- →060 نَفْسُ الْـ ...「同じ…」

369 □□□ アジュナビー
أَجْنَبِيٌّ
形 外国の
- 複 أَجَانِبُ
- غَرِيبٌ「奇妙な；見知らぬ（人）」
- مَحَلِّيٌّ「ローカルの」

370 □□□ ファッカラ
فَكَّرَ
動|派|II 考える
- 未完 يُفَكِّرُ ▪ فِكْرَةٌ 女「考え」
- ظَنَّ「思う，考える」
未完 يَظُنُّ 完|1|男 ظَنَنْتُ

371 □□□ ワジャダ
وَجَدَ
動 見つける
- 未完 يَجِدُ ▪ يُوجَدُ 受|3|男|単「(「見つけられる」の意から) ある，いる」 تُوجَدُ 受|3|女|単
- مَوْجُودٌ（受動分詞）「(形として) ある，いる」

ヤタカッラム・ハーザ・ッ=ターリブ・ッ=ルガ・ル=アラビイヤ・ビ=タラーカ

**يَتَكَلَّمُ هٰذَا ٱلطَّالِبُ ٱللُّغَةَ ٱلْعَرَبِيَّةَ بِطَلَاقَةٍ.**

この学生はアラビア語を流暢に話す。

▶ عَرَبِيَّةٌ「アラビアの」[女] < عَرَبٌ 224。 طَلَاقَةٌ「流暢さ」。 بِطَلَاقَةٍ「流暢に」

---

ハル・ファヒムタ・カラーミー

**هَلْ فَهِمْتَ كَلَامِي؟**

あなた〔男〕は私の言ったことがわかりましたか。

▶ كَلَامٌ「ことば」

---

タルジム・ハーズィヒ・ル=ジュムラ・イラ・ッ=ルガ・ル=ヤーバーニイヤ

**تَرْجِمْ هٰذِهِ ٱلْجُمْلَةَ إِلَى ٱللُّغَةِ ٱلْيَابَانِيَّةِ.**

この文を日本語に訳してください。

▶ يَابَانِيَّةٌ「日本の」[女] < ٱلْيَابَانُ 211

---

アッ=ルガ・ル=ファーリスィイヤ・ルガ・ムフタリファ・アニ・ッ=ルガ・ル=アラビイヤ

**اَللُّغَةُ ٱلْفَارِسِيَّةُ لُغَةٌ مُخْتَلِفَةٌ عَنِ ٱللُّغَةِ ٱلْعَرَبِيَّةِ.**

ペルシア語はアラビア語とは異なる言語だ。

▶ فَارِسِيَّةٌ「ペルシアの」[女] < فَارِسُ「ペルシア」。 عَرَبِيَّةٌ「アラビアの」[女] < عَرَبٌ 224

---

ウラージウ・スィウラ・サルフィ・ル=ウムラーティ・ル=アジュナビイヤ・ダーイマン

**أُرَاجِعُ سِعْرَ صَرْفِ ٱلْعُمْلَاتِ ٱلْأَجْنَبِيَّةِ دَائِمًا.**

外貨の為替レートを常にチェックする。

▶ أُرَاجِعُ「チェックする」[1|単|未完|直説] < رَاجَعَ [III]。 سِعْرٌ 429「値段」。 صَرْفٌ「両替」。
عُمْلَاتٌ「通貨」[複] < عُمْلَةٌ [単]

---

ウファッキル・フィー・フッタティ・ガド

**أُفَكِّرُ فِي خُطَّةِ غَدٍ.**

明日の予定について考える。

▶ خُطَّةٌ「計画」。 غَدٌ「明日」([参] غَدًا 209「明日に」[副])

---

ワジャドナ・ッ=タアーマ・マーリハン・ジッダン

**وَجَدْنَا ٱلطَّعَامَ مَالِحًا جِدًّا.**

私たちはその食べ物がとてもしょっぱいとわかった。

▶ مَالِحٌ「しょっぱい」

372 □□□ ラビサ

# لَبِسَ

動 着る

- 未完 يَلْبَسُ
- 反 خَلَعَ「脱ぐ」 未完 يَخْلَعُ

373 □□□ サウブ

# ثَوْبٌ

名|男 服

- 複 ثِيَابٌ
- 同 複 مَلَابِسُ
- إِبْرَةٌ 女「針」 خَيْطٌ 男「糸」

374 □□□ カミース

# قَمِيصٌ

名|男 シャツ

- 複 قُمْصَانٌ
- جَلَّابِيَّةٌ 女「ガラベイヤ（エジプトの衣装）」

375 □□□ ヒジャーブ

# حِجَابٌ

名|男 ベール（女性の頭髪を隠す）

- 複 حُجُبٌ
- نِقَابٌ 男「ベール（頭髪と顔を隠す）」

376 □□□ バドラ

# بَدْلَةٌ

名|女 スーツ

- 複 بَدَلَاتٌ
- فُسْتَانٌ 男「ドレス，ワンピース」

377 □□□ ナッザーラ

# نَظَّارَةٌ

名|女 眼鏡

- 複 نَظَّارَاتٌ
- عَدَسَةٌ 女「レンズ」
- نَظَّارَةٌ شَمْسِيَّةٌ「サングラス」

378 □□□ ヒザーッ

# حِذَاءٌ

名|男 靴（一足）

- 複 أَحْذِيَةٌ
- صَنْدَلٌ 男「サンダル」

イルバス・サキーラン・カイラー・タアフザ・バルダン

**اِلْبَسْ ثَقِيلًا كَيْلَا تَأْخُذَ بَرْدًا.**

風邪を引かないように厚着をしなさい。

▶ثَقِيلًا「重く；（衣服が）厚く」副＜ثَقِيلٌ「重い；（衣服が）厚手の」。
كَيْلَا「〜しないように」（参 لِكَيْ 203）。بَرْدٌ 411「風邪」

ウリード・アン・ウガイイラ・スィヤービー・カブラ・ル＝フルージ

**أُرِيدُ أَنْ أُغَيِّرَ ثِيَابِي قَبْلَ ٱلْخُرُوجِ.**

私は出掛ける前に服を着替えたい。

▶أُرِيدُ「欲する」1｜単｜未完｜直説＜أَرَادَ 491。أَنْ 496「〜すること」。
أُغَيِّرَ「替える」1｜単｜未完｜接続＜غَيَّرَ II。خُرُوجٌ「出ること」＜خَرَجَ 441「出る」

ハル・トゥリーディーナ・カミーサン・ビ＝アクマーム・タウィーラ・アム・カスィーラ

**هَلْ تُرِيدِينَ قَمِيصًا بِأَكْمَامٍ طَوِيلَةٍ أَمْ قَصِيرَةٍ؟**

あなた〔女〕は長袖のシャツが欲しいのですか，それとも半袖のですか。

▶تُرِيدِينَ「欲する」2｜女｜単｜未完｜直説＜أَرَادَ 491。أَكْمَامٌ「袖」複＜كُمٌّ 単。
أَمْ「あるいは」（同 أَوْ 198）

ライサ・ル＝ヒジャーブ・ワージバン・フィ・ル＝イスラーム

**لَيْسَ ٱلْحِجَابُ وَاجِبًا فِي ٱلْإِسْلَامِ.**

ヒジャーブ（ベール）はイスラームで義務ではない。

▶وَاجِبٌ「義務」

サ＝ウルスィル・ハーズィヒ・ル＝バドラ・イラ・ッ＝タンズィーフィ・ル＝ジャーッフ

**سَأُرْسِلُ هٰذِهِ ٱلْبَدْلَةَ إِلَى ٱلتَّنْظِيفِ ٱلْجَافِّ.**

このスーツをドライクリーニングに出しましょう。

▶تَنْظِيفٌ「クリーニング」＜نَظَّفَ II 124。جَافٌّ「乾いた，ドライの」

イザー・ラム・ヤルバスィ・ン＝ナッザーラ・ファ＝ラー・ヤラ・ル＝ブウド・ワラ・ル＝クルブ

**إِذَا لَمْ يَلْبَسِ ٱلنَّظَّارَةَ فَلَا يَرَى ٱلْبُعْدَ وَلَا ٱلْقُرْبَ.**

彼は眼鏡を掛けなかったら遠くも近くも見えない。

▶إِذَا「もし」。لَمْ「〜しなかった（否定辞）」。فَـ...「すると」。لَا「〜しない（否定辞）」。يَرَى 3｜男｜単｜
未完｜直説＜رَأَى 103。بُعْدٌ「遠いこと」。لَا ... وَلَا ---「…も---も〜でない」。قُرْبٌ「近いこと」

イスム・ハーザ・ル＝ヒザーイ・ル＝マグリビー・バーブーシュ

**اِسْمُ هٰذَا ٱلْحِذَاءِ ٱلْمَغْرِبِيِّ بَابُوشٌ.**

このモロッコの靴の名前はバブーシュです。

▶مَغْرِبِيٌّ「モロッコの」＜ٱلْمَغْرِبُ 215

| 1回目 年 月 日 ／7 | 2回目 年 月 日 ／7 | 3回目 年 月 日 ／7 | 達成率 75 % |
|---|---|---|---|

379 ☐☐☐ インサーン
إِنْسَانٌ
名|男 人，人間
- 複 أُنَاسٌ 女性も表せるが，إِنْسَانَةٌ という女性形もある。
- نَاسٌ 集「人々」

380 ☐☐☐ ワラダ
وَلَدَ
動 生む
- 未完 يَلِدُ
- حَامِلٌ 女「妊娠している」(ة が付かない)

381 ☐☐☐ ライバ
لَعِبَ
動 遊ぶ，プレイする
- 未完 يَلْعَبُ
- لُعْبَةٌ 女「おもちゃ」

382 ☐☐☐ ダラサ
دَرَسَ
動 勉強する；研究する
- 未完 يَدْرُسُ
- دِرَاسَةٌ 女「勉強，研究」
- 類 V تَعَلَّمَ「学ぶ」 دَرَّسَ II「教える」

383 ☐☐☐ アラファ
عَرَفَ
動 知る
- 未完 يَعْرِفُ

384 ☐☐☐ ナスィヤ
نَسِيَ
動 忘れる（失念する；置き忘れる）
- 未完 يَنْسَى
- حَفِظَ「暗記する；保持する」 未完 يَحْفَظُ
- تَذَكَّرَ V「思い出す，記憶する」

385 ☐☐☐ タハッラジャ
تَخَرَّجَ
動|派|V 卒業する
- 未完 يَتَخَرَّجُ
- تَخَرُّجٌ 男「卒業」(動名詞)

フワ・インサーン・タイイブ　カルブ=フ・アブヤド

**هُوَ إِنْسَانٌ طَيِّبٌ. قَلْبُهُ أَبْيَضُ.**

彼は良い人です。心が白いです。

▶قَلْبٌ「心，ハート」

---

ラム・ヤリド・ワ=ラム・ユーラド

**لَمْ يَلِدْ وَلَمْ يُولَدْ.**

彼（アッラー）は生みもせず生まれもせず。（アッラーには親も子もないという意味）

▶لَمْ「～しなかった（否定辞）」。يَلِدْ「生む」[3|男|単|未完|要求]。يُولَدْ「生まれる」[受|3|男|単|未完|要求]

---

ウリード・アン・アルアバ・マアーフム・クラタ・ル=カダム

**أُرِيدُ أَنْ أَلْعَبَ مَعَهُمْ كُرَةَ ٱلْقَدَمِ.**

私は彼らと一緒にサッカーがしたい。

▶أُرِيدُ「欲する」[1|単|未完|直説] <أَرَادَ 491。أَنْ 496「～すること」。كُرَةُ ٱلْقَدَمِ 476「サッカー」

---

ダラストゥ・ビ=アジャラ・フィ・ッ=ライラ・ッラティー・タスビク・リムティハーン

**دَرَسْتُ بِعَجَلَةٍ فِي ٱللَّيْلَةِ ٱلَّتِي تَسْبِقُ ٱلِامْتِحَانَ.**

私は試験の前夜にあわてて勉強した。

▶عَجَلَةٌ「急ぎ」。لَيْلَةٌ「夜，一晩」。ٱلَّتِي（関係詞）[女|単]。
تَسْبِقُ「先行する」[3|女|単|未完|直説] <سَبَقَ

---

ラー・アアリフ

**لَا أَعْرِفُ.**

I don't know.

▶لَا「～しない（否定辞）」

---

ラー・ウリード・アン・アフドゥラ・ル=ファスル・ワ=カド・ナスィートゥ・ル=ワージバート

**لَا أُرِيدُ أَنْ أَحْضُرَ ٱلْفَصْلَ وَقَدْ نَسِيتُ ٱلْوَاجِبَاتِ.**

宿題を忘れてしまって，クラスに行きたくない。

▶لَا「～しない（否定辞）」。أُرِيدُ「欲する」[1|単|未完|直説] <أَرَادَ 491。أَنْ 496「～すること」。
أَحْضُرَ「出席する」[1|単|未完|接続] <حَضَرَ。قَدْ「既に（完了の強調）」。وَاجِبَاتٌ「宿題」[複]

---

アアティ=ニー・ダラジャタ・マクブール，アタマンナー・アン・アタハッラジャ・フィ・ル=ジャーミア

**أَعْطِنِي دَرَجَةَ مَقْبُولٍ، أَتَمَنَّى أَنْ أَتَخَرَّجَ فِي ٱلْجَامِعَةِ.**

可をください。大学を卒業したいんです。

▶دَرَجَةٌ「段階」。مَقْبُولٌ「受け入れられる；可」。أَتَمَنَّى「願う」[1|単|未完|直説] <تَمَنَّى 493。
أَنْ 496「～すること」

| 1回目 | 年　月　日　／7 | 2回目 | 年　月　日　／7 | 3回目 | 年　月　日　／7 | 達成率 77 % |
|---|---|---|---|---|---|---|

386 □□□ シャハーダ
**شَهَادَةٌ**
[名|女]（卒業などの）証明書；信仰告白
- شَهِدَ「証言する」 [未完] يَشْهَدُ
- كَارْنِيه [男]「学生証」
- بِطَاقَةٌ شَخْصِيَّةٌ「身分証明書」

387 □□□ タザウワジャ
**تَزَوَّجَ**
[動|派|V] 結婚する
- [未完] يَتَزَوَّجُ
- خُطُوبَةٌ [女]「婚約」

388 □□□ ザワージュ
**زَوَاجٌ**
[名|男] 結婚
- [反][男] طَلَاقٌ「離婚」

389 □□□ サーアダ
**سَاعَدَ**
[動|派|III] 助ける
- [未完] يُسَاعِدُ

390 □□□ ムジュタヒド
**مُجْتَهِدٌ**
[形] 勤勉な
- [反] كَسْلَانُ「怠惰な」
  [女] كَسْلَى （كَسْلَانَةٌ も用いられる）

391 □□□ ハヤー
**حَيَاةٌ**
[名|女] 命，生活，人生
- عُمْرٌ [男]「人生；年齢」
- سِنٌّ [男女]「年齢」

392 □□□ マータ
**مَاتَ**
[動] 死ぬ
- [未完] يَمُوتُ [完|1|単] مُتُّ
- [類] تُوُفِّيَ「（アッラーに）召される」[受|派|V]
- قَتَلَ「殺める」 [未完] يَقْتُلُ

カッダムトゥ・ヌスハタ・シャハーダティ・ッ=タハッルジ・マア・スィーラティ・ッ=ザーティイヤ

**قَدَّمْتُ نُسْخَةَ شَهَادَةِ ٱلتَّخَرُّجِ مَعَ سِيرَتِي ٱلذَّاتِيَّةِ.**

履歴書とともに卒業証書のコピーを提出した。

▶ قَدَّمْتُ「提出する」1|単|完 < قَدَّمَ II。 نُسْخَةٌ「写し」。 تَخَرُّجٌ「卒業」(動名詞) < تَخَرَّجَ 385。 سِيرَةٌ「伝記」。 ذَاتِيَّةٌ「自身の」女

---

カッダマト・ハーラトゥ=ハー・アルダ・ザワージ・ジャイイド・ワ=タザウウワジャト・ラジュラン・タイイバン

**قَدَّمَتْ خَالَتُهَا عَرْضَ زَوَاجٍ جَيِّدٍ وَتَزَوَّجَتْ رَجُلًا طَيِّبًا.**

彼女の母方のおばが良い縁談を持ってきて，彼女は良い男と結婚した。

▶ قَدَّمَتْ「提供する」3|女|単|完 < قَدَّمَ II。 خَالَةٌ「母方のおば」< خَالٌ 031 男。 عَرْضٌ「提示」。 زَوَاجٌ 388「結婚」

---

ズィクラー・ザワージ・ワーリダイ=ヤ・フィ・ッ=シャハリ・ル=カーディム

**ذِكْرَى زَوَاجِ وَالِدَيَّ فِي ٱلشَّهْرِ ٱلْقَادِمِ.**

私の両親の結婚記念日は来月です。

▶ ذِكْرَى「思い出；記念日」。 وَالِدَيَّ（وَالِدَيْنِ 双|属 に ـِي 019 の付いた形，وَالِدٌ「親」）。 قَادِمٌ「次の，来たる」

---

ハル・ミナ・ル=ムムキン・アン・トゥサーイダ=ニー

**هَلْ مِنَ ٱلْمُمْكِنِ أَنْ تُسَاعِدَنِي؟**

助けていただけませんか。

▶ مُمْكِنٌ「可能な（こと）」。 أَنْ 496「～すること」

---

アッ=ティルミーズ・ムジュタヒド・ワ=ヤブズル・ジュフダン・カビーラン・フィ・ッ=ディラーサ

**اَلتِّلْمِيذُ مُجْتَهِدٌ وَيَبْذُلُ جُهْدًا كَبِيرًا فِي ٱلدِّرَاسَةِ.**

その生徒は勤勉で，勉強に対して大いに努力している。

▶ تِلْمِيذٌ「生徒，児童」(参 طَالِبٌ 085)。 يَبْذُلُ「尽くす」3|男|単|未完|直説 < بَذَلَ。 جُهْدٌ「努力」。 دِرَاسَةٌ「勉強」

---

アル=バキイヤ・フィーハヤーティ=カ　--- ハヤートゥカ・ル=バーキヤ

**اَلْبَقِيَّةُ فِي حَيَاتِكَ. --- حَيَاتُكَ ٱلْبَاقِيَةُ.**

残りがあなたの人生の中にありますように（ご愁傷さま）。—続いていくあなたの人生（返事）。

▶ بَقِيَّةٌ「残り」。 بَاقِيَةٌ「残っている，続く」女 < بَاقٍ 男 (能動分詞) < بَقِيَ「残る，留まる」

---

マータティ・ル=アジューズ・ル=ムサーバ・ビ=フィールース・コロナ・ル=ジャディード・ビ=ルティハービ・ッ=リア

**مَاتَتِ ٱلْعَجُوزُ ٱلْمُصَابَةُ بِفِيرُوسِ كُورُونَا ٱلْجَدِيدِ بِٱلْتِهَابِ ٱلرِّئَةِ.**

新型コロナウイルスに感染した老婆は，肺炎で死んだ。

▶ عَجُوزٌ「老婆」。 مُصَابَةٌ بِـ ...「…に感染した」女。 فِيرُوسٌ「ウイルス」。 كُورُونَا「コロナ」。 اِلْتِهَابٌ「炎症」。 رِئَةٌ「肺」。 اِلْتِهَابُ ٱلرِّئَةِ「肺炎」

| 1回目 | 年　月　日 ／7 | 2回目 | 年　月　日 ／7 | 3回目 | 年　月　日 ／7 | 達成率 78 % |
|---|---|---|---|---|---|---|

393 □□□
ラジャア
رَجَعَ
動 帰る
- 未完 يَرْجِعُ
- 類 عَادَ「帰る；再び…する」 未完 يَعُودُ
完|1|単 عُدْتُ

394 □□□
マッラ
مَرَّ
動 通り過ぎる
- 未完 يَمُرُّ
- 完|1|単 مَرَرْتُ

395 □□□
ワカファ
وَقَفَ
動 止まる；立つ
- 未完 يَقِفُ
- 類Ⅴ تَوَقَّفَ「(自分で)止まる，(動き，働きを)止める」

396 □□□
イッタサラ
اِتَّصَلَ
動|派|VIII 連絡する
- 未完 يَتَّصِلُ
- مُكَالَمَةٌ 女「通話」

397 □□□
ハーティフ
هَاتِفٌ
名|男 電話
- 複 هَوَاتِفُ
- 同男 تِلِفُونٌ「電話」
- هَاتِفٌ مَحْمُولٌ「携帯電話」

398 □□□
シュルタ
شُرْطَةٌ
名|女 警察
- 同男 بُولِيسٌ「警察，ポリス」
- شُرْطِيٌّ 男「警察官」

399 □□□
ムスタシュファー
مُسْتَشْفًى
名|男 病院
- 複 مُسْتَشْفَيَاتٌ
- عِيَادَةٌ 女「診療所，クリニック」
- صَيْدَلِيَّةٌ 女「薬局」

アルジウ・イラー・トーキョー・ビ=ッ=ターイラ・ビ=サバビ・イーカーフィ・ヒドマティ・ル=キターラート

**أَرْجِعُ إِلَى طُوكِيُو بِٱلطَّائِرَةِ بِسَبَبِ إِيقَافِ خِدْمَةِ ٱلْقِطَارَاتِ.**

列車が運休したため，飛行機で東京に帰る。

▶طُوكِيُو「東京」。سَبَبٌ「理由，原因」。إِيقَافٌ「中止，停止」(動名詞)<أَوْقَفَ「止める」Ⅳ。خِدْمَةٌ「サービス」

ナシュウル・ビ=アンナ・ッ=ザマン・ヤムッル・ビ=スルア・クッラマー・タカッダマ・ビ=ナ・ル=ウムル

**نَشْعُرُ بِأَنَّ ٱلزَّمَنَ يَمُرُّ بِسُرْعَةٍ كُلَّمَا تَقَدَّمَ بِنَا ٱلْعُمْرُ.**

歳を取るにつれ，時間が速く過ぎると感じる。

▶نَشْعُرُ بِـ...「…を感じる」1|複|未完|直説 <شَعَرَ بِـ...。زَمَنٌ「時」。سُرْعَةٌ「速度」(参 سَرِيعٌ 490)。بِسُرْعَةٍ「速く」。كُلَّمَا「～する毎に」。تَقَدَّمَ「前進する」3|男|単|完|V。عُمْرٌ「人生，年齢」男

キフ　イシャーラトゥ・ル=ムルール・ハムラーッ

**قِفْ! إِشَارَةُ ٱلْمُرُورِ حَمْرَاءُ!**

止まりなさい！ 信号が赤だ！

▶إِشَارَةٌ 426「信号」。مُرُورٌ「交通」

イッタサルトゥ・ビ=サディーキー・ハーティフィーヤン・マッジャーナン・ミン・ヒラーリ・ル=マーサンジャル

**اِتَّصَلْتُ بِصَدِيقِي هَاتِفِيًّا مَجَّانًا مِنْ خِلَالِ ٱلْمَاسَنْجَرْ.**

私はメッセンジャー経由でタダで友だちに電話をした。

▶هَاتِفِيًّا「電話で」対<هَاتِفٌ 397「電話」。مَجَّانًا「無料で」。مِنْ خِلَالِ「～を通して」。مَاسَنْجَرْ「メッセンジャー」

ウトルブ・タクスィー・ビ=タトビーキ・ル=ハーティフィ・ッ=ザキー

**اُطْلُبْ تَاكْسِي بِتَطْبِيقِ ٱلْهَاتِفِ ٱلذَّكِيِّ.**

スマホのアプリでタクシーを呼びなさい。

▶تَاكْسِي「タクシー」。تَطْبِيقٌ「アプリケーション」。هَاتِفٌ ذَكِيٌّ「スマートフォン」

バッラグトゥ・ッ=シュルタ・アン・サリカティ・ル=ミフファザ・ワラーキンナ=ハー・ラン・タウーダ

**بَلَّغْتُ ٱلشُّرْطَةَ عَنْ سَرِقَةِ ٱلْمِحْفَظَةِ وَلٰكِنَّهَا لَنْ تَعُودَ.**

私は財布の盗難を警察に届け出たが，財布は戻ってこないだろう。

▶بَلَّغْتُ「伝える」3|女|単|完 <بَلَّغَ Ⅱ。سَرِقَةٌ「盗み」(動名詞)<سَرَقَ「盗む」。مِحْفَظَةٌ 434「財布」。لَنْ「～しないだろう（否定辞）（未来）」。تَعُودُ「帰る」3|女|単|未完|直説 <عَادَ

ウファッディル・ムスタシュファン・ハーッサン・ハッター・ワ=イザー・カーナティ・ッ=ルスーム・ガーリヤ

**أُفَضِّلُ مُسْتَشْفًى خَاصًّا حَتَّى وَإِذَا كَانَتِ ٱلرُّسُومُ غَالِيَةً.**

私は，料金が高くても，私立病院の方が良いです。

▶أُفَضِّلُ「より好む」1|単|未完|直説<فَضَّلَ Ⅱ。خَاصٌّ「私的な，私立の」。حَتَّى وَإِذَا「たとえ～でも」<حَتَّى 492「～でさえ」+وَ+إِذَا 197「もし」。رُسُومٌ「料金」複<رَسْمٌ 単。غَالِيَةٌ「高価な」女<غَالٍ 男

400 □□□ サイード

**سَعِيدٌ**

形 幸せな
- 複 سُعَدَاءُ
- مَسْرُورٌ「嬉しい」
- حَزِينٌ「悲しい」

401 □□□ ハーイフ

**خَائِفٌ**

形 恐れる；心配する
- 複 خُوَّفٌ
- 反 شُجَاعٌ「勇敢な」

402 □□□ マシュグール

**مَشْغُولٌ**

形 忙しい
- 複 مَشْغُولُونَ
- 反 عِنْدَهُ وَقْتُ فَرَاغٍ.「彼は暇だ。」

403 □□□ ダヒカ

**ضَحِكَ**

動 （ゲラゲラ）笑う
- 未完 يَضْحَكُ

404 □□□ イブタサマ

**اِبْتَسَمَ**

動|派|VIII （にっこり）笑う
- 未完 يَبْتَسِمُ

405 □□□ ガディバ

**غَضِبَ**

動 怒る
- 未完 يَغْضَبُ
- زَعْلَانُ 形|男「怒った；不機嫌な」
- 女 زَعْلَى （زَعْلَانَةٌ も使われる）

406 □□□ バカー

**بَكَى**

動 泣く
- 未完 يَبْكِي
- 完|1|単 بَكَيْتُ

フルサ・サイーダ --- ワ=アナ・アスアド

**فُرْصَةٌ سَعِيدَةٌ. --- وَأَنَا أَسْعَدُ.**

はじめまして。（直訳：幸せな機会） ―私の方がより幸せです。

▶فُرْصَةٌ「機会」。أَسْعَدُ「より幸せな（比較級）」<سَعِيدٌ

---

アナ・ハーイフ・ミン・スラーラティ・ウーミクルーン，ワ=ハーイフ・アラー・ジャッダティー

**أَنَا خَائِفٌ مِنْ سُلَالَةِ أُومِيكْرُونْ، وَخَائِفٌ عَلَى جَدَّتِي.**

私はオミクロン株を恐れている。祖母のことが心配である。

▶سُلَالَةٌ「種族，変種」

---

ヒヤ・マシュグーラ・ジッダン・ビ=ル=ワージバーティ・ル=カスィーラ

**هِيَ مَشْغُولَةٌ جِدًّا بِٱلْوَاجِبَاتِ ٱلْكَثِيرَةِ.**

彼女はたくさんの宿題でとても忙しい。

▶وَاجِبَاتٌ「宿題」[複]

---

ミアター・ジュナイフ　カーイドゥ・ル=ジャマル・カド・ダヒカ・アライ=キ

**مِئَتَا جُنَيْهٍ؟ قَائِدُ ٱلْجَمَلِ قَدْ ضَحِكَ عَلَيْكِ!**

200ポンド？ ラクダ引きはあなたをあざ笑ったのだ！（だましたのだ！）

▶مِئَتَا<مِئَتَانِ「200」[双]<مِئَةٌ「100」。جُنَيْهٌ「（エジプトなどの）ポンド」 قَائِدٌ「導く人」。
قَدْ「既に（完了の強調）」

---

ラー・タブタスィミー・バル・クーリー・ラー・ビ=シャクル・ワーディハ

**لَا تَبْتَسِمِي بَلْ قُولِي "لَا" بِشَكْلٍ وَاضِحٍ.**

微笑まないで，はっきりNo！を言いなさい。

▶لَا「～するな（否定辞）」。بَلْ「～ではなくて」（[参]وَلٰكِنَّ 199）。قُولِي「言え」[女|単|命令]<قَالَ 105。
شَكْلٌ「形，形態」。وَاضِحٌ「明瞭な」。بِشَكْلٍ وَاضِحٍ「はっきりと」

---

ガディブトゥ・ミン・カーイディ・ル=ジャマル・ワ=タラブトゥ・ミン=フ・ッ=タフフィード

**غَضِبْتُ مِنْ قَائِدِ ٱلْجَمَلِ وَطَلَبْتُ مِنْهُ ٱلتَّخْفِيضَ.**

私はラクダ引きに怒り，彼に値引きを要求した。

▶قَائِدٌ「導く人」。تَخْفِيضٌ「値引き」（動名詞）<خَفَّضَ「減ずる」[II]

---

ナジャハ・フィ・ムティハーニ・ル=クブール・フィ・ル=ジャーミア・ワ=バカー・ファラハン

**نَجَحَ فِي ٱمْتِحَانِ ٱلْقُبُولِ فِي ٱلْجَامِعَةِ وَبَكَى فَرَحًا.**

彼はその大学の入学試験に合格して，嬉し泣きをした。

▶قُبُولٌ「受け入れ」（動名詞）<قَبِلَ「受け入れる」。فَرَحٌ「喜び」（動名詞）<فَرِحَ「喜ぶ」。
فَرَحًا [対]「喜びゆえに」（動名詞[対]で原因を示す）

| 1回目 | 年 月 日 | 2回目 | 年 月 日 | 3回目 | 年 月 日 | 達成率 |
|---|---|---|---|---|---|---|
| | ／7 | | ／7 | | ／7 | 81 % |

407 ビ=ハイル

# بِخَيْرٍ

前置詞句 元気な

- صِحَّةٌ 女「健康，健全」
- نَشِيطٌ「活動的な」

408 マリード

# مَرِيضٌ

形 病気の

- 複 مَرْضَى
- مَرَضٌ 男「病気」

409 マジュルーハ

# مَجْرُوحٌ

形 怪我をしている

- 複 مَجَارِيحُ
- 同 جَرِيحٌ「怪我をしている；怪我人」
- جُرْحٌ 男「怪我」　دَمٌ 男「血」

410 タアバーン

# تَعْبَانُ

形 疲れた；具合の悪い

- 女 تَعْبَانَةٌ　複 تَعْبَانُونَ
- 同 مُتْعَبٌ　同 تَعِبٌ

411 バルド

# بَرْدٌ

名|男 風邪

- 類男 زُكَامٌ「風邪；鼻詰まり」
- إِنْفِلْوَنْزَا 女「インフルエンザ」
- عَطْسَةٌ 女「くしゃみ」　سُعَالٌ 男「咳」

412 アラム

# أَلَمٌ

名|男 痛み

- 複 آلَامٌ
- صُدَاعٌ 男「頭痛」　مَغَصٌ 男「腹痛」
- إِسْهَالٌ 男「下痢」　إِمْسَاكٌ 男「便秘」

413 ダワーッ

# دَوَاءٌ

名|男 薬

- 複 أَدْوِيَةٌ
- حُقْنَةٌ 女「注射」
- مَرْهَمٌ 男「軟膏，塗り薬」
- قَطَرَاتُ ٱلْعَيْنِ 複「目薬」

バダー・ビ=ハイル・バアダ・タトイーミ・ッ=リカーハ・ビ=ハムサ・アシュラタ・ダキーカ

**بَدَا بِخَيْرٍ بَعْدَ تَطْعِيمِ ٱللِّقَاحِ بِخَمْسَ عَشْرَةَ دَقِيقَةً.**

彼は，ワクチン接種後 15 分経ったときには元気そうに見えた。

▶بَدَا「〜に見える」3|男|単|完。بِـ ... 076「…によって，…とともに」。خَيْرٌ「良い（こと）」。تَطْعِيمٌ「接種」(動名詞)<طَعَّمَ「接種する」II。لِقَاحٌ「ワクチン」。خَمْسَ عَشْرَةَ「15」(女に用いる)

---

アンティ・マリーダ・ワ=タアバーナ・ファ=ラー・タスタティーイーン・ルクーバ・ッ=ターイラ

**أَنْتِ مَرِيضَةٌ وَتَعْبَانَةٌ فَلَا تَسْتَطِيعِينَ رُكُوبَ ٱلطَّائِرَةِ.**

あなたは病気で具合が悪いので，飛行機に乗ることはできない。

▶تَعْبَانَةٌ「具合の悪い」女<تَعْبَانُ 410 男。فَـ ...「すると」。لَا「〜しない（否定辞）」。
تَسْتَطِيعِينَ「できる」2|女|単|未完|直説<اِسْتَطَاعَ 494。رُكُوبٌ「乗ること」(動名詞)<رَكِبَ 234

---

カーナ・フナーカ・マジュルーハ・ファ=タラブトゥ・サイヤーラタ・ル=イスアーフ

**كَانَ هُنَاكَ مَجْرُوحٌ فَطَلَبْتُ سَيَّارَةَ ٱلْإِسْعَافِ.**

怪我人がいたので，私は救急車を呼んだ。

▶فَـ ...「すると」。إِسْعَافٌ「救助」。سَيَّارَةُ ٱلْإِسْعَافِ「救急車」

---

サヒルトゥ・フィ・ッ=ディラーサ・ファ=クントゥ・タアバーン・インダ・リムティハーン

**سَهِرْتُ فِي ٱلدِّرَاسَةِ فَكُنْتُ تَعْبَانَ عِنْدَ ٱلْاِمْتِحَانِ.**

私は徹夜で勉強して，試験のときには疲れていた。

▶سَهِرْتُ「徹夜する」1|単|完<سَهِرَ。دِرَاسَةٌ「勉強」。فَـ ...「すると」

---

インディー・バルド，ワ=ハラーラ・アイダン

**عِنْدِي بَرْدٌ، وَحَرَارَةٌ أَيْضًا.**

私は風邪を引いていて，熱もある。

▶حَرَارَةٌ「熱」

---

インディー・アラム・フィ・ル=ハルク・ワ=ラー・アスタティーウ・アン・アブラア・シャイアン

**عِنْدِي أَلَمٌ فِي ٱلْحَلْقِ وَلَا أَسْتَطِيعُ أَنْ أَبْلَعَ شَيْئًا.**

喉が痛くて，何も飲み込めない。

▶حَلْقٌ「喉」。لَا「〜しない（否定辞）」。أَسْتَطِيعُ「できる」1|単|未完|直説<اِسْتَطَاعَ 494。
أَنْ 496「〜すること」。أَبْلَعَ「飲み込む」1|単|未完|接続<بَلَعَ

---

タハタージュ・イラー・ワスファ・ティッビイヤ・リ=シラーイ・ハーザ・ッダワーッ

**تَحْتَاجُ إِلَى وَصْفَةٍ طِبِّيَّةٍ لِشِرَاءِ هٰذَا ٱلدَّوَاءِ.**

この薬の購入には，処方箋が必要です。

▶تَحْتَاجُ إِلَى ...「…を必要とする」2|単|男|未完|直説<اِحْتَاجَ VIII。وَصْفَةٌ「処方箋」。
طِبِّيَّةٌ「医学的な」女。شِرَاءٌ「買うこと」(参 اِشْتَرَى 271)

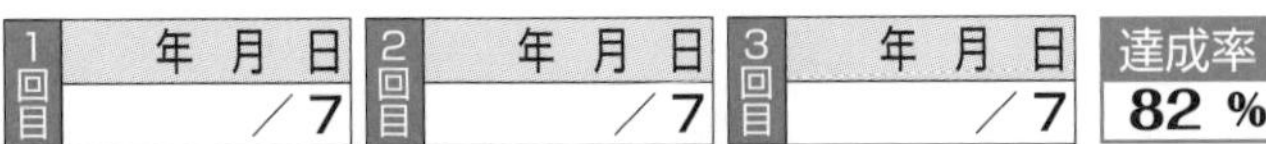

414 ジスム
# جِسْمٌ
名|男 身体
- 複 أَجْسَامٌ 同男 جَسَدٌ
- عَظْمٌ 男「骨」 ظَهْرٌ 男「背中」
- بَطْنٌ 男女「腹」 صَدْرٌ 男「胸」

415 ラアス
# رَأْسٌ
名|男女 頭
- 複 رُؤُوسٌ
- شَعْرٌ 男「髪」 دِمَاغٌ 男「脳，頭」
- مُخٌّ 男「大脳，脳」 عُنُقٌ 女「首」

416 ワジュハ
# وَجْهٌ
名|男 顔
- 複 وُجُوهٌ
- أَنْفٌ 男「鼻」 فَمٌ 男「口」
- شَفَةٌ 女「唇（片方）」 خَدٌّ 男「頬」

417 アイン
# عَيْنٌ
名|女 目
- 複 عُيُونٌ，أَعْيُنٌ
- دَمْعٌ 男「涙」
- حَاجِبٌ 男「眉」

418 ウズン
# أُذُنٌ
名|女 耳
- 複 آذَانٌ

419 ヤド
# يَدٌ
名|女 手
- 複 أَيْدٍ，أَيَادٍ
- ذِرَاعٌ 女「腕」 ▪ كَتِفٌ 女「肩」
- إِصْبَعٌ 男「指」

420 カダム
# قَدَمٌ
名|女 足（足首から先）
- 複 أَقْدَامٌ ▪ رِجْلٌ 女「脚（全体）」
- سَاقٌ 女「脚（全体あるいは膝下）」
- كَعْبٌ 男「かかと」

ラー・ヤタアウワドゥ・ル＝ジスム・アラー・ハーズィヒ・ル＝ハラーラ

**لَا يَتَعَوَّدُ ٱلْجِسْمُ عَلَى هٰذِهِ ٱلْحَرَارَةِ.**

体がこの暑さに慣れていない。

▶ لَا「～しない（否定辞）」。... يَتَعَوَّدُ عَلَى「…に慣れる」3|男|単|未完|直説 < تَعَوَّدَ Ⅴ。
حَرَارَةٌ「熱，暑さ」

アスバハ・シャアル・ラアスィ＝ヒ・ハフィーファン・ビ＝サバビ・ッ＝ダグティ・ン＝ナフスィー

**أَصْبَحَ شَعْرُ رَأْسِهِ خَفِيفًا بِسَبَبِ ٱلضَّغْطِ ٱلنَّفْسِيِّ.**

彼の頭髪は精神的ストレスで薄くなった。

▶ شَعْرٌ「髪」。خَفِيفٌ「軽い」（反 ثَقِيلٌ「重い」）。سَبَبٌ「理由，原因」。ضَغْطٌ「圧力」。
نَفْسِيٌّ「精神的な」< نَفْسٌ 060

イスファッラ・ワジュフ＝ハー・インダマー・サミアト・サウタ・アビー＝ハー

**اِصْفَرَّ وَجْهُهَا عِنْدَمَا سَمِعَتْ صَوْتَ أَبِيهَا.**

彼女は父親の声を聞くと顔が青ざめた（直訳：黄色くなった）。

▶ اِصْفَرَّ「黄色くなる」3|男|単|完|Ⅸ（参 أَصْفَرُ 152）。صَوْتٌ「声」

イブニー・ムサーブ・ビ＝アイニ・ル＝ハサド・ワ＝タアバーヌ・ル＝アーン

**اِبْنِي مُصَابٌ بِعَيْنِ ٱلْحَسَدِ وَتَعْبَانُ ٱلْآنَ.**

私の息子は邪視にやられて今は具合が悪い。

▶ مُصَابٌ بِـ ...「（病気など）にかかる；…に見舞われた」（受動分詞）< أَصَابَ「傷つける，痛める」Ⅳ。
حَسَدٌ「ねたみ」。عَيْنُ ٱلْحَسَدِ「邪視」

アル＝ジュドラーン・ラ＝ハー・アーザーン　アル＝アブワーブ・ラ＝ハー・ウユーン

**ٱلْجُدْرَانُ لَهَا آذَانٌ. ٱلْأَبْوَابُ لَهَا عُيُونٌ.**

壁に耳あり，障子に目あり。

▶ جُدْرَانٌ「壁」複 < جِدَارٌ 単。أَبْوَابٌ 複 < بَابٌ 単 108

ラー・タアクル・ビ＝ヤディ＝カ・ル＝ユスラー

**لَا تَأْكُلْ بِيَدِكَ ٱلْيُسْرَى.**

左手で食べるな。

▶ لَا「～するな（否定辞）」。يُسْرَى「左の」女 < أَيْسَرُ 男（参 يَسَارٌ 230）

アル＝インサーン・ヤムシー・アラー・カダマイニ・スナタイン

**ٱلْإِنْسَانُ يَمْشِي عَلَى قَدَمَيْنِ ٱثْنَتَيْنِ.**

人間は二足歩行する。

▶ يَمْشِي「歩く」3|男|単|未完|直説 < مَشَى 438。اِثْنَتَيْنِ「2」女|属

| 1回目 | 年 月 日 | 2回目 | 年 月 日 | 3回目 | 年 月 日 | 達成率 |
|---|---|---|---|---|---|---|
| | ／7 | | ／7 | | ／7 | 84 % |

## 未完了形（第1形）の接続形の活用

▭ 線内は語尾が -a です。それ以外は，女性複数形（網掛け部分）を除いて，直説形に付いていた語尾の ن が脱落しています。

接続詞 أَنْ に後続して「～すること」を表す，لِكَيْ，كَيْ，لِ に後続して「～するために」を表すなどの用法があります。

第2語根の母音は直説形のときと変わりません。

| | 単数形 | 双数形 | 複数形 |
|---|---|---|---|
| 彼 | يَفْعَلَ | يَفْعَلَا | يَفْعَلُوا |
| 彼女 | تَفْعَلَ | تَفْعَلَا | يَفْعَلْنَ |
| あなた男 | تَفْعَلَ | تَفْعَلَا | تَفْعَلُوا |
| あなた女 | تَفْعَلِي | | تَفْعَلْنَ |
| 私 | أَفْعَلَ | نَفْعَلَ | |

أَرِيدُ أَنْ أَذْهَبَ إِلَى مِصْرَ.　ウリード・アン・アズハバ・イラー・ミスル

「私はエジプトに行くことを欲する。エジプトに行きたい」

أَذْهَبُ إِلَى مِصْرَ لِكَيْ أَدْرُسَ ٱلْعَرَبِيَّةَ.　アズハブ・イラー・ミスル・リカイ・アドルサ・ル=アラビィヤ

「私はアラビア語を勉強するためにエジプトに行く」

## 未完了形（第1形）の要求形の活用

▭ 線内は語尾が無母音です。それ以外は，接続形と同形です。

「誰々に～させよ」という間接命令や「～するな」という禁止などに用いられます。

第2語根の母音は直説形のときと変わりません。

| | 単数形 | 双数形 | 複数形 |
|---|---|---|---|
| 彼 | يَفْعَلْ | يَفْعَلَا | يَفْعَلُوا |
| 彼女 | تَفْعَلْ | تَفْعَلَا | يَفْعَلْنَ |
| あなた男 | تَفْعَلْ | تَفْعَلَا | تَفْعَلُوا |
| あなた女 | تَفْعَلِي | | تَفْعَلْنَ |
| 私 | أَفْعَلْ | نَفْعَلْ | |

## 未完了形（第1形）の命令形の活用

要求形2人称の接頭辞 ta- を除いたあと，語頭に連続ハムザ إ（第2語根の母音がアかイのとき）ないし أُ（第2語根の母音がウのとき）を補って作ります。

| | 単数形 | 双数形 | 複数形 |
|---|---|---|---|
| あなた男 | اِفْعَلْ | اِفْعَلَا | اِفْعَلُوا |
| あなた女 | اِفْعَلِي | | اِفْعَلْنَ |

● 主な否定の作り方のまとめ

| | |
|---|---|
| ザハバ<br>ذَهَبَ 「彼は行った」 | ラム・ヤズハブ<br>لَمْ يَذْهَبْ 「彼は行かなかった」 |
| ヤズハブ<br>يَذْهَبُ 「彼は行く」 | ラー・ヤズハブ<br>لَا يَذْهَبُ 「彼は行かない」 |
| サウファ・ヤズハブ<br>سَوْفَ يَذْهَبُ 「彼は行くだろう」 | ラン・ヤズハバ<br>لَنْ يَذْهَبَ 「彼は行かないだろう」 |
| イズハブ<br>اِذْهَبْ 「行け（男性1人に）」 | ラー・タズハブ<br>لَا تَذْهَبْ 「行くな（男性1人に）」 |
| フワ・ターリブ<br>هُوَ طَالِبٌ. 「彼は学生だ」 | ライサ・ターリバン<br>لَيْسَ طَالِبًا. 「彼は学生ではない」 |

## 発音と読み方5　「アッラー」の２通りの発音

唯一神 اَللّٰهُ「アッラーフ」の「ラー」の母音は，通常，暗く重々しく発音されます。少し「オ」のかかった暗い「アー」になります。

اَللّٰهُ أَكْبَرُ.　アッ**ラー**フ・アクバル　「アッラーは（最も）偉大なり」
إِنْ شَاءَ ٱللّٰهُ.　イン・シャーア・ッ**ラー**フ　「もしアッラーがお望みならば」

ただし，اَللّٰهُ「アッラーフ」の直前に「イ」の母音が来ると，「ラー」の母音が，英語の æ に近い前寄りの明るい母音で発音されます。

بِسْمِ ٱللّٰهِ.　ビスミ・ッ**ラー**ヒ　「アッラーの御名において」
اَلْحَمْدُ لِلّٰهِ.　アル=ハムドゥ・リ=ッ**ラー**ヒ　「アッラーに讃えあれ」

このように，アラビア語の「ア」の母音には2種類の発音が存在します。

421 □□□ マディーナ
مَدِينَةٌ
名|女 町，都市
- 複 مُدُنٌ
- اَلْمَدِينَةُ 固「メディナ」
- عَاصِمَةٌ 女「首都」

422 □□□ カルヤ
قَرْيَةٌ
名|女 村
- 複 قُرًى
- رِيفٌ 男「田舎」

423 □□□ シャーリウ
شَارِعٌ
名|男 通り
- 複 شَوَارِعُ
- تَقَاطُعٌ 男「交差点」

424 □□□ タリーク
طَرِيقٌ
名|男女 道
- 複 طُرُقٌ
- ضَلَّ ٱلطَّرِيقَ「道に迷う」 未完 يَضِلُّ
- 完|1|単 ضَلَلْتُ

425 □□□ マイダーン
مَيْدَانٌ
名|男 広場
- 複 مَيَادِينُ

426 □□□ イシャーラ
إِشَارَةٌ
名|女 信号
- 複 إِشَارَاتٌ

427 □□□ マクハー
مَقْهًى
名|男 カフェ
- 複 مَقَاهٍ
- شِيشَةٌ／نَرْجِيلَةٌ など 女「水煙草」

アル=ハーフィラート・リ=ル=マサーファーティ・ッ=タウィーラ・タルブト・バイナ・ル=ムドゥニ・ッ=ライースィイヤ

**ٱلْحَافِلَاتُ لِلْمَسَافَاتِ ٱلطَّوِيلَةِ تَرْبُطُ بَيْنَ ٱلْمُدُنِ ٱلرَّئِيسِيَّةِ.**

長距離バスが主要都市の間を結んでいる。

▶مَسَافَاتٌ「距離」複 < مَسَافَةٌ 単。 تَرْبُطُ「結ぶ」3|女|単|未完|直説 < رَبَطَ。
رَئِيسِيَّةٌ「主要な」女 < رَئِيسٌ「社長，プレジデント（大統領などの意味も）」

サミウトゥ・アンナ・フナーカ・マディーナタ・マラーヒニ・スム=ハ・ル=カルヤ・ル=フィルアウニイヤ

**سَمِعْتُ أَنَّ هُنَاكَ مَدِينَةَ مَلَاهٍ ٱسْمُهَا ٱلْقَرْيَةُ ٱلْفِرْعَوْنِيَّةُ.**

ファラオ村という名の遊園地があるそうですね。

▶مَلَاهٍ「アトラクション」複（主と属が同形）< مَلْهًى 単。 مَدِينَةُ مَلَاهٍ「遊園地」。
فِرْعَوْنِيَّةٌ「ファラオの，ファラオ風の」女 < فِرْعَوْنٌ「ファラオ」

ミナ・ッ=サアブ・アン・アアブラ・ッ=シャーリア・ビドゥーニ・ッ=ダハス・ビ=ッ=サイヤーラ

**مِنَ ٱلصَّعْبِ أَنْ أَعْبُرَ ٱلشَّارِعَ بِدُونِ ٱلدَّهْسِ بِٱلسَّيَّارَةِ.**

私がその通りを車に轢かれずに渡るのは難しい。

▶أَعْبُرَ「渡る」1|単|未完|接続 < عَبَرَ。 بِدُونِ「〜なしで」。 دَهْسٌ「轢くこと」(動名詞) < دَهَسَ「轢く」

アリ=ニ・ッ=タリーク・イラ・ル=ムスタシュファ・ッ=ダウリー・ミン・ファドリ=カ

**أَرِنِي ٱلطَّرِيقَ إِلَى ٱلْمُسْتَشْفَى ٱلدَّوْلِيِّ مِنْ فَضْلِكَ.**

国際病院への道順を教えてください。

▶أَرِ「示す」男|単|命令 < أَرَى Ⅳ（参 رَأَى 103）。 دَوْلِيٌّ「国際的な」（دُوَلِيٌّ とも言う）。
مِنْ فَضْلِكَ「（男|単 に対して）どうか」

アブ・ル=ハウル・バイード・アン・マイダーニ・ル=ジーザ・カリーラン

**أَبُو ٱلْهَوْلِ بَعِيدٌ عَنْ مَيْدَانِ ٱلْجِيزَةِ قَلِيلًا.**

スフィンクスはギザ広場から少し遠い。

▶هَوْلٌ「恐怖」。 أَبُو ٱلْهَوْلِ「スフィンクス」固。 ٱلْجِيزَةُ「ギザ」固。 قَلِيلًا「少々」対 < قَلِيلٌ 155

ラー・タキフ・ッ=サイヤーラート・ビ=ッ=ラグミ・ミン・イシャーラティ・ル=ムルーリ・ル=ハムラーッ

**لَا تَقِفُ ٱلسَّيَّارَاتُ بِٱلرَّغْمِ مِنْ إِشَارَةِ ٱلْمُرُورِ ٱلْحَمْرَاءِ.**

赤信号にもかかわらず，車が止まらない。

▶لَا「〜しない（否定辞）」。 تَقِفُ「止まる」3|女|単|未完|直説 < وَقَفَ 395。
بِٱلرَّغْمِ مِنْ ...「…にもかかわらず」。 مُرُورٌ「交通」

ヤシュラブ・シーシャ・フィー・ザーリカ・ル=マクハー・ダーイマン

**يَشْرَبُ شِيشَةً فِي ذٰلِكَ ٱلْمَقْهَى دَائِمًا.**

彼はいつもあのカフェで水煙草を吸っている。

▶شِيشَةٌ「水煙草」

| 1回目 年 月 日 | 2回目 年 月 日 | 3回目 年 月 日 | 達成率 |
|---|---|---|---|
| ／7 | ／7 | ／7 | 86 % |

428 マハッル
مَحَلٌّ
名|男 お店
▪ 複 مَحَلَّاتٌ
▪ 同 男 دُكَّانٌ

429 スィウル
سِعْرٌ
名|男 値段
▪ 複 أَسْعَارٌ
▪ ثَمَنٌ 男「値段」
▪ قِيمَةٌ 女「値段；価値」

430 ヒサーブ
حِسَابٌ
名|男 お勘定；アカウント
▪ 複 حِسَابَاتٌ , أَحْسِبَةٌ
▪ غَالٍ 形「高価な」 رَخِيصٌ 形「安い」

431 ダファア
دَفَعَ
動 払う
▪ 未完 يَدْفَعُ

432 ワダア
وَضَعَ
動 置く
▪ 未完 يَضَعُ

433 ハキーバ
حَقِيبَةٌ
名|女 カバン
▪ 複 حَقَائِبُ
▪ كِيسٌ 男「袋」

434 ミフファザ
مِحْفَظَةٌ
名|女 財布；カバン
▪ 複 مِحْفَظَاتٌ , مَحَافِظُ

ハル・タアリフ・マハッラン・ヤビーウーン・フィー＝ヒ・ナビーザン・ムスタウラダン

## هَلْ تَعْرِفُ مَحَلًّا يَبِيعُونَ فِيهِ نَبِيذًا مُسْتَوْرَدًا؟

輸入ワインを売っているお店をご存知ですか。

▶مُسْتَوْرَدٌ「輸入された」(受動分詞)<اِسْتَوْرَدَ「輸入する」X (反 صَدَّرَ「輸出する」II)

---

アッ＝スィウル・カ＝アンナ＝フ・ライサ・マウジューダン

## اَلسِّعْرُ كَأَنَّهُ لَيْسَ مَوْجُودًا.

値段はあってないようなものだ。

▶كَأَنَّ「あたかも～のように」(後続する主語は対)。مَوْجُودٌ「ある，いる」(受動分詞)<وَجَدَ 371

---

ハーザー・アラー・ヒサービー・アナ

## هٰذَا عَلَى حِسَابِي أَنَا!

これは私の勘定で！

---

イザー・ダファウタ・ビ＝ッ＝ドゥーラール・ファ＝サ＝アフスィム・ミナ・ッ＝スィウル

## إِذَا دَفَعْتَ بِٱلدُّولَارِ فَسَأَخْصِمُ مِنَ ٱلسِّعْرِ.

ドルで払ってくれるなら，値引きしますよ。

▶إِذَا「もし」。دُولَارٌ「ドル」。… فَـ「すると」。… سَـ「～だろう（未来）」。
أَخْصِمُ「値引きする」1|単|未完|直説<خَصَمَ

---

アイナ・アダウ・ル＝マウスーア・ル＝カビーラ・ミスラ・ハーズィヒ

## أَيْنَ أَضَعُ ٱلْمَوْسُوعَةَ ٱلْكَبِيرَةَ مِثْلَ هٰذِهِ؟

このように大きな事典をどこに置こうか。

▶مَوْسُوعَةٌ「百科事典」。مِثْلَ「のように」(参 …كَـ 074)

---

ハーズィヒ・ル＝ハキーバ・アハミル＝ハー・ビ＝ヤディー・イラー・ダーヒリ・ッ＝ターイラ

## هٰذِهِ ٱلْحَقِيبَةُ أَحْمِلُهَا بِيَدِي إِلَى دَاخِلِ ٱلطَّائِرَةِ.

このカバンは，機内持ち込みにします。

▶أَحْمِلُ「運ぶ」1|単|未完|直説<حَمَلَ。دَاخِلٌ「内部」

---

ナスィートゥ・ル＝ミフファザ　ハル・ミナ・ル＝ムムキニ・ッ＝ダフウ・ル＝イリクトゥルーニー

## نَسِيتُ ٱلْمِحْفَظَةَ. هَلْ مِنَ ٱلْمُمْكِنِ ٱلدَّفْعُ ٱلْإِلِكْتُرُونِيُّ؟

お財布を忘れました。電子決済は可能ですか。

▶مُمْكِنٌ「可能な（こと）」。دَفْعٌ「支払い」(動名詞)<دَفَعَ「払う」。إِلِكْتُرُونِيٌّ「電子的な，電子の」

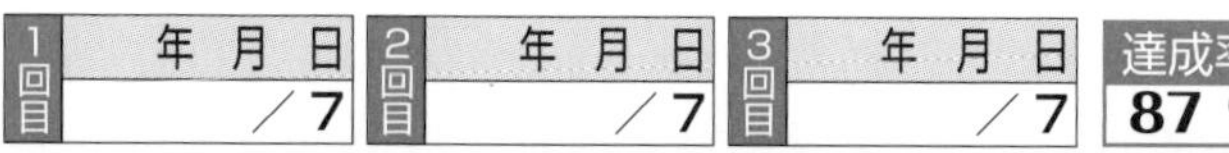

435 マクタバ
مَكْتَبَةٌ
名|女 書店；図書館
▪ 複 مَكْتَبَاتٌ ，مَكَاتِبُ
▪ أَعَارَ Ⅳ「貸す」
▪ اِسْتَعَارَ Ⅹ「借りる」

436 バンク
بَنْكٌ
名|男 銀行
▪ 複 بُنُوكٌ
▪ → 430 حِسَابٌ「口座」

437 ヌクード
نُقُودٌ
名|複 お金，現金
▪ مَالٌ 男「お金；財産」
▪ فَكَّةٌ 女「小銭」

438 マシャー
مَشَى
動 歩く
▪ 未完 يَمْشِي
▪ 完|1|単 مَشَيْتُ

439 ジャラー
جَرَى
動 走る
▪ 未完 يَجْرِي
▪ 完|1|単 جَرَيْتُ

440 ダハラ
دَخَلَ
動 入る
▪ 未完 يَدْخُلُ

441 ハラジャ
خَرَجَ
動 出る
▪ 未完 يَخْرُجُ

アスタイール・クトゥバン・アニ・ル=アラーカーティ・ッ=ダウリイヤ・ミナ・ル=マクタバ・ッ=ライースィイヤ

**أَسْتَعِيرُ كُتُبًا عَنِ ٱلْعَلَاقَاتِ ٱلدَّوْلِيَّةِ مِنَ ٱلْمَكْتَبَةِ ٱلرَّئِيسِيَّةِ.**

私は中央図書館から国際関係についての本を借りる。

▶أَسْتَعِيرُ「借りる」[1|単|未完|直説]＜اِسْتَعَارَ [X]（[反] أَعَارَ「貸す」[IV]）。كُتُبٌ「本」[複]＜كِتَابٌ 469 [単]。
عَلَاقَاتٌ「関係」[複]＜عَلَاقَةٌ [単]。دَوْلِيَّةٌ「国際的な」[女]。رَئِيسِيَّةٌ「主要な」[女]＜رَئِيسٌ「長（おさ）」

---

ミナ・ッ=ダルーリー・アン・アスハバ・ヌクーダン・ミナ・ル=バンク

**مِنَ ٱلضَّرُورِيِّ أَنْ أَسْحَبَ نُقُودًا مِنَ ٱلْبَنْكِ.**

銀行でお金を下ろす必要がある。

▶ضَرُورِيٌّ「必要な」。أَنْ 496「～すること」。أَسْحَبَ「引く；引き出す」[1|単|未完|接続]＜سَحَبَ。
نُقُودٌ 437「現金」

---

ナスィートゥ・ッ=ラクマ・ッ=スィッリー・ワ=ラー・アスタティーウ・アン・アスハバ・ヌクーダン

**نَسِيتُ ٱلرَّقْمَ ٱلسِّرِّيَّ وَلَا أَسْتَطِيعُ أَنْ أَسْحَبَ نُقُودًا.**

暗証番号を忘れてしまってお金が下ろせない。

▶سِرِّيٌّ「秘密の」＜سِرٌّ「秘密」。لَا「～しない（否定辞）」。أَسْتَطِيعُ「できる」[1|単|未完|直説]＜
اِسْتَطَاعَ 494。أَنْ 496「～すること」。أَسْحَبَ「引く；引き出す」[1|単|未完|接続]＜سَحَبَ

---

ルクバターニ=ヤ・トゥウリマーニ=ニー・ワ=カド・マシャイトゥ・ティワーラ・ル=ヤウム

**رُكْبَتَايَ تُؤْلِمَانِنِي وَقَدْ مَشَيْتُ طِوَالَ ٱلْيَوْمِ.**

一日中歩いて，両膝が痛い。

▶رُكْبَتَايَ（رُكْبَتَانِ [双|主] に ـِي 019 の付いた形）。رُكْبَةٌ「膝」。تُؤْلِمَانِ「痛みを与える」[3|女|双|
未完|直説]＜آلَمَ [IV]（[参] أَلَمٌ 412）。قَدْ「既に（完了の強調）」。طِوَالَ「～の間中」

---

ナジュリー・ハウラ・ル=カスリ・ル=インバラートゥーリー・クッラ・ヤウミ・アハド

**نَجْرِي حَوْلَ ٱلْقَصْرِ ٱلْإِمْبَرَاطُورِيِّ كُلَّ يَوْمِ أَحَدٍ.**

私たちは毎日曜日，皇居の周りを走る。

▶إِمْبَرَاطُورِيٌّ「天皇の，皇帝の」＜إِمْبَرَاطُورٌ「天皇，皇帝」

---

ラー・タドフリ・ル=マスジド・ワ=アンタ・ラービス・ヒザーッ

**لَا تَدْخُلِ ٱلْمَسْجِدَ وَأَنْتَ لَابِسٌ حِذَاءً.**

靴を履いたままモスクに入らないで。

▶لَا「～するな（否定辞）」。وَ 197 そのときの状態を表す。
لَابِسٌ「着用している」（能動分詞）＜لَبِسَ 372

---

リ=ナフルジュ・リ=タグイーリ・ル=ミザージ

**لِنَخْرُجْ لِتَغْيِيرِ ٱلْمِزَاجِ.**

気分転換に外出しましょう。

▶لِ「（[要求] を伴い）～させよ，Let...」。تَغْيِيرٌ「変えること」（動名詞）＜غَيَّرَ「変える」[II]。
مِزَاجٌ「気分」

| 1回目 | 年　月　日 | 2回目 | 年　月　日 | 3回目 | 年　月　日 | 達成率 |
|---|---|---|---|---|---|---|
| | ／7 | | ／7 | | ／7 | 89 % |

442
バハル
بَحْرٌ
名|男 海
- 複 بِحَارٌ , بُحُورٌ , أَبْحَارٌ , أَبْحُرٌ
- 反男 بَرٌّ「陸」
- مَوْجٌ 男「波」

443
ナハル
نَهْرٌ
名|男 川
- 複 أَنْهَارٌ , أَنْهُرٌ
- جِسْرٌ 男「橋」

444
ジャバル
جَبَلٌ
名|男 山
- 複 جِبَالٌ
- قِمَّةٌ 女「頂上」

445
サハラーッ
صَحْرَاءُ
名|女 沙漠
- 複 صَحْرَاوَاتٌ , صَحَارٍ , صَحَارَى
- وَاحَةٌ 女「オアシス」

446
ガーバ
غَابَةٌ
名|女 森
- 複 غَابَاتٌ

447
ジャズィーラ
جَزِيرَةٌ
名|女 島
- 複 جُزُرٌ

448
シャーティッ
شَاطِئٌ
名|男 浜辺，海岸（beach）
- 複 شَوَاطِئُ
- 類男 سَاحِلٌ「海岸（coast）」
- ضِفَّةٌ 女「川などの岸（bank）」

イスタムタウトゥ・ビ=ル=ガウス・フィ・ル=バハリ・ル=アハマル

**اِسْتَمْتَعْتُ بِٱلْغَوْصِ فِي ٱلْبَحْرِ ٱلْأَحْمَرِ.**

私は紅海でダイビングを楽しんだ。

▶ اِسْتَمْتَعْتُ بِـ ...「…を楽しむ」1|単|完 < اِسْتَمْتَعَ X。
غَوْصٌ「潜ること，ダイビング」< غَاصَ「潜る」。 ٱلْبَحْرُ ٱلْأَحْمَرُ「紅海」固

ナハル・ン=ニール・アトワル・ナハル・フィ・ル=アーラム

**نَهْرُ ٱلنِّيلِ أَطْوَلُ نَهْرٍ فِي ٱلْعَالَمِ.**

ナイル川は世界で最も長い川だ。

▶ ٱلنِّيلُ「ナイル」固。 أَطْوَلُ「最も長い（最上級）」< طَوِيلٌ 160

ジャバル・エフレスト・アアラー・ジャバル・フィ・ル=アーラム

**جَبَلُ إِفْرِسْتْ أَعْلَى جَبَلٍ فِي ٱلْعَالَمِ.**

エベレスト山は世界で最も高い山だ。

▶ إِفْرِسْتْ「エベレスト」固。 أَعْلَى「最も高い（最上級）」< عَالٍ

ミサーハトゥ・ッ=サハラーウ・ル=クブラー・トゥサーウィー・ミサーハタ・ル=ウィラーヤーティ・ル=ムッタヒダ・タクリーバン

**مِسَاحَةُ ٱلصَّحْرَاءِ ٱلْكُبْرَى تُسَاوِي مِسَاحَةَ ٱلْوِلَايَاتِ ٱلْمُتَّحِدَةِ تَقْرِيبًا.**

サハラ沙漠の面積は合衆国の面積にだいたい等しい。

▶ مِسَاحَةٌ「面積」。 كُبْرَى「最も大きい（最上級）」女 < كَبِيرٌ 092。 تُسَاوِي「等しい」3|女|単|未完|直説 <
سَاوَى III。 وِلَايَاتٌ「州」複 < وِلَايَةٌ 単。 مُتَّحِدَةٌ「連合した」女。 ٱلْوِلَايَاتُ ٱلْمُتَّحِدَةُ「合衆国」固

サーダフトゥ・ドゥッバン・フィ・ル=ガーバ・フィー・ヤウム・ミナ・ル=アイヤーム

**صَادَفْتُ دُبًّا فِي ٱلْغَابَةِ فِي يَوْمٍ مِنَ ٱلْأَيَّامِ.**

ある日，森の中でクマに出会った。

▶ صَادَفْتُ「偶然会う」1|単|完 < صَادَفَ III。 دُبٌّ「クマ」。
يَوْمٌ مِنَ ٱلْأَيَّامِ「ある日」（直訳：日々の中の一日）

アル=ジャズィーラ・ル=アラビイヤ・ヒヤ・アクバル・シブヒ・ジャズィーラ・フィ・ル=アーラム

**ٱلْجَزِيرَةُ ٱلْعَرَبِيَّةُ هِيَ أَكْبَرُ شِبْهِ جَزِيرَةٍ فِي ٱلْعَالَمِ.**

アラビア半島は世界最大の半島だ。

▶ ٱلْجَزِيرَةُ ٱلْعَرَبِيَّةُ「アラビア半島」固。 عَرَبِيَّةٌ「アラビアの」女 < عَرَبٌ 224「アラブ」。
أَكْبَرُ「最も大きい（最上級）」< كَبِيرٌ 092。 شِبْهٌ「似たもの」。 شِبْهُ جَزِيرَةٍ「半島」

ヤズハブーン・イラー・シャーティイ・ル=バハル・リ=ッ=スィバーハ

**يَذْهَبُونَ إِلَى شَاطِئِ ٱلْبَحْرِ لِلسِّبَاحَةِ.**

彼らは海岸に泳ぎに行く。

▶ سِبَاحَةٌ「水泳」< سَبَحَ「泳ぐ」

449 アルド

أَرْضٌ

名|女 土地

- 複 أَرَاضٍ

450 サマーッ

سَمَاءٌ

名|女 空

- 複 سَمَاوَاتٌ
- سَحَابٌ 男「雲」

451 アッ＝シャムス

اَلشَّمْسُ

名|女 太陽

- 複 شُمُوسٌ

452 アル＝カマル

اَلْقَمَرُ

名|男 月

- 複 أَقْمَارٌ
- هِلَالٌ 男「新月（太陰暦の月の初めに見える月）」

453 ナジュム

نَجْمٌ

名|集 星

- 複 نُجُومٌ
- نَجْمَةٌ 個体名詞「星一個」

454 ジャウウ

جَوٌّ

名|男 空気；天気

- 複 جِوَاءٌ，أَجْوَاءٌ

455 ハワーッ

هَوَاءٌ

名|男 風；空気，外気

- 複 أَهْوَاءٌ
- رِيحٌ 男女「風，強風」

スィウル・ル=アルド・フィー・ギンザ・アグラー・スィウル・フィ・ル=ヤーバーン

**سِعْرُ ٱلْأَرْضِ فِي "غِينْزَا" أَغْلَى سِعْرٍ فِي ٱلْيَابَانِ.**

銀座の地価は日本で最も高値だ。

▶أَغْلَى「最も高価な（最上級）」< غَالٍ「高価な」

---

マー・フワ・ラウヌ・ッ=サマーッ　ワ=リマーザー・ナラ・ッ=サマーッ・ザルカーッ

**مَا هُوَ لَوْنُ ٱلسَّمَاءِ ؟ وَلِمَاذَا نَرَى ٱلسَّمَاءَ زَرْقَاءَ؟**

空の色は何か。そしてなぜ我々に空は青く見えるのか。

▶لَوْنٌ「色」。نَرَى「見る」[1|複|未完|直説] < رَأَى 103

---

ウリードゥ・アン・アダア・アラー・ワジュヒ・ル=クリーム・リ=ル=ウィカーヤ・ミナ・ッ=シャムス

**أُرِيدُ أَنْ أَضَعَ عَلَى وَجْهِي ٱلْكْرِيمَ لِلْوِقَايَةِ مِنَ ٱلشَّمْسِ.**

私は顔に日焼け止めクリームを塗りたい。

▶أُرِيدُ「欲する」[1|単|未完|直説] < أَرَادَ 491。أَنْ 496「～すること」。
أَضَعَ「置く」[1|単|未完|接続] < وَضَعَ 432。كْرِيمٌ「クリーム」。وِقَايَةٌ「保護，予防」

---

アンティ・ジャミーラ・ミスラ・カマル・アルバアタ・アシャル

**أَنْتِ جَمِيلَةٌ مِثْلَ قَمَرٍ أَرْبَعَةَ عَشَرَ.**

あなた〔女〕は十四夜の月（満月）のように美しい。

▶مِثْلَ「のように」(参 كَـ ... 074)。أَرْبَعَةَ عَشَرَ「14」(男 に用いる)

---

ダルブ・ッ=タッバーナ・フワ・マジュムーア・ミナ・ン=ヌジューム

**دَرْبُ ٱلتَّبَّانَةِ هُوَ مَجْمُوعَةٌ مِنَ ٱلنُّجُومِ.**

天の川は星々の集まりだ。

▶دَرْبُ ٱلتَّبَّانَةِ「天の川，銀河」。مَجْمُوعَةٌ「集団」

---

アル=ジャウウ・サ=ヤクーン・ムシュミサン・ビ=ハサビ・ン=ナシュラ・ル=ジャウウィイヤ

**اَلْجَوُّ سَيَكُونُ مُشْمِسًا بِحَسَبِ ٱلنَّشْرَةِ ٱلْجَوِّيَّةِ.**

天気予報によれば，天気は晴れだろう。

▶سَـ ...「～だろう（未来）」。مُشْمِسٌ「晴天の」。بِحَسَبِ「～によれば」。نَشْرَةٌ「発表，報道」。
نَشْرَةٌ جَوِّيَّةٌ「天気予報」

---

アル=ハワーッ・ミナ・ン=ニール・ムンイシュ・ジッダン

**اَلْهَوَاءُ مِنَ ٱلنِّيلِ مُنْعِشٌ جِدًّا.**

ナイルからの風はとても気持ちが良い。

▶اَلنِّيلُ「ナイル」固。مُنْعِشٌ「さわやかな」

456 マタル

مَطَرٌ

名|男 雨

- 複 أَمْطَارٌ
- أَمْطَرَتْ Ⅳ「(現世が) 雨を降らす」
- شَمْسِيَّةٌ 女「傘」

457 サルジュ

ثَلْجٌ

名|男 雪, 氷

- 複 ثُلُوجٌ

458 ハマースィーン

خَمَاسِينُ

名|男 砂嵐, ハムシーン

- خَمْسُونَ「50」から来た語。50日間吹き荒れることからとも言われる。

459 アースィファ

عَاصِفَةٌ

名|女 嵐

- 複 عَوَاصِفُ
- فَيَضَانٌ 男「洪水」

460 カウィー

قَوِيٌّ

形 強い

- 複 أَقْوِيَاءُ
- 反 ضَعِيفٌ「弱い」
  複 ضِعَافٌ , ضُعَفَاءُ

461 アル=クラ・ル=アルディィヤ

اَلْكُرَةُ ٱلْأَرْضِيَّةُ

名|女 地球

- فَضَاءٌ 男「宇宙」

462 タビーア

طَبِيعَةٌ

名|女 自然

- 複 طَبَائِعُ

66

バダア・ル=マタル・ヤハティル・ワラーキン・ライサ・マイー・シャムスィイヤ

**بَدَأَ ٱلْمَطَرُ يَهْطِلُ وَلٰكِنْ لَيْسَ مَعِي شَمْسِيَّةٌ.**

雨が降り始めたが，私は傘を持っていない。

▶يَهْطِلُ「降る」3|男|単|未完|直説 <هَطَلَ。
وَلٰكِنْ「しかし」(後続する主語を対にする作用はない。参 وَلٰكِنَّ 199)。شَمْسِيَّةٌ「傘」

---

ハーザー・マーッ・マアディニー・ワラーキンナ・ッ=サルジャ・マスヌーウ・ミン・マーイ・ル=ハナフィイヤ

**هٰذَا مَاءٌ مَعْدِنِيٌّ وَلٰكِنَّ ٱلثَّلْجَ مَصْنُوعٌ مِنْ مَاءِ ٱلْحَنَفِيَّةِ.**

これはミネラル・ウォーターだが，氷は水道水から作られている。

▶مَعْدِنِيٌّ「鉱物の」。مَصْنُوعٌ「作られた」(受動分詞) <صَنَعَ「作る」。حَنَفِيَّةٌ「蛇口」

---

カド・マータ・バアドゥ・ン=ナース・ミン・リヤーヒ・ル=ハマースィーン・アムスィ

**قَدْ مَاتَ بَعْضُ ٱلنَّاسِ مِنْ رِيَاحِ ٱلْخَمَاسِينِ أَمْسِ.**

昨日，砂嵐で何人かの人々が亡くなった。

▶قَدْ「既に(完了の強調)」。نَاسٌ 複 <إِنْسَانٌ 379 単。رِيَاحٌ 複 <رِيحٌ「風」

---

ガリカティ・ッ=サフィーナ・ビ=サバビ・ル=アースィファ

**غَرِقَتِ ٱلسَّفِينَةُ بِسَبَبِ ٱلْعَاصِفَةِ.**

嵐で船が沈没した。

▶غَرِقَتْ「沈む，溺れ死ぬ」3|女|単|完 <غَرِقَ。سَفِينَةٌ「船」。سَبَبٌ「理由，原因」

---

ウルギヤティ・ッ=リフラトゥ・ル=ジャウウィイヤ・ビ=サバビ・ッリーヒ・ル=カウィイヤ

**أُلْغِيَتِ ٱلرِّحْلَةُ ٱلْجَوِّيَّةُ بِسَبَبِ ٱلرِّيحِ ٱلْقَوِيَّةِ.**

強風のため便が欠航となった。

▶أُلْغِيَتْ「キャンセルされた」受|3|女|単|完 <أَلْغَى「キャンセルする」Ⅳ。
رِحْلَةٌ「旅；(飛行機などの)便」(参 264)。جَوِّيَّةٌ「航空の」女 <جَوٌّ 454。سَبَبٌ「理由，原因」

---

アル=フートゥ・ル=アズラク・アクバル・ハヤワーン・アラー・サトヒ・ル=クラ・ル=アルディイヤ

**اَلْحُوتُ ٱلْأَزْرَقُ أَكْبَرُ حَيَوَانٍ عَلَى سَطْحِ ٱلْكُرَةِ ٱلْأَرْضِيَّةِ.**

シロナガスクジラ(直訳：青い鯨)は地球上で最大の動物だ。

▶حُوتٌ「クジラ」。أَكْبَرُ「最も大きい(最上級)」<كَبِيرٌ 092。سَطْحٌ「表面」。كُرَةٌ「球」。
أَرْضِيَّةٌ「地の」女 <أَرْضٌ 449

---

マーザー・ナフアル・リ=ヒマーヤティ・ッ=タビーア

**مَاذَا نَفْعَلُ لِحِمَايَةِ ٱلطَّبِيعَةِ؟**

自然保護のために，我々は何をするのか。

▶مَاذَا「何？」(参 مَا 047)。حِمَايَةٌ「保護」

| 1回目 | 年 月 日 ／7 | 2回目 | 年 月 日 ／7 | 3回目 | 年 月 日 ／7 | 達成率 93 % |
|---|---|---|---|---|---|---|

463 サカーファ
ثَقَافَةٌ
名|女 文化
▪ 複 ثَقَافَاتٌ

464 ハダーラ
حَضَارَةٌ
名|女 文明
▪ 複 حَضَارَاتٌ

465 ファン
فَنٌّ
名|男 芸術；技術
▪ 複 فُنُونٌ

466 アダブ
أَدَبٌ
名|男 文学
▪ 複 آدَابٌ

467 シウル
شِعْرٌ
名|男 詩
▪ 複 أَشْعَارٌ
▪ شَعْرٌ 集「髪」

468 リワーヤ
رِوَايَةٌ
名|女 小説
▪ 複 رِوَايَاتٌ
▪ قِصَّةٌ 女「物語」

469 キターブ
كِتَابٌ
名|男 本
▪ 複 كُتُبٌ
▪ قَامُوسٌ 男「辞書」

アル=マグリブ・ラ=フ・サカーファ・ムフタリファ・アニ・ッ=サカーファ・ル=ミスリイヤ

**اَلْمَغْرِبُ لَهُ ثَقَافَةٌ مُخْتَلِفَةٌ عَنِ ٱلثَّقَافَةِ ٱلْمِصْرِيَّةِ.**

モロッコには，エジプト文化とは異なる文化がある。

▶مِصْرِيَّةٌ「エジプトの」女 < مِصْرُ 212

---

ウヒッブ・ハダーラタ・ミスラ・ル=カディーマ・ファ=ウリードゥ・アン・アズーラ・ル=ウクスル

**أُحِبُّ حَضَارَةَ مِصْرَ ٱلْقَدِيمَةِ فَأُرِيدُ أَنْ أَزُورَ ٱلْأُقْصُرَ.**

私は古代エジプト文明を愛しているので，ルクソールを訪れたい。

▶أُحِبُّ「愛する」1|単|未完|直説 < أَحَبَّ 492 Ⅳ。 فَـ …「それで」（参 وَ 197）。
أُرِيدُ「欲する」1|単|未完|直説 < أَرَادَ 491。 أَنْ 496「～すること」。 ٱلْأُقْصُرُ「ルクソール」固

---

アル=ファンヌ・ンフィジャール

**اَلْفَنُّ ٱنْفِجَارٌ!**

芸術は，爆発だ！

▶اِنْفِجَارٌ「爆発」（動名詞）< اِنْفَجَرَ「爆発する」Ⅶ

---

アル=アダブ・ル=カディーム・サアブ・ル=キラーア・ワラーキンナ=フ・アミーク・ル=マアナー

**اَلْأَدَبُ ٱلْقَدِيمُ صَعْبُ ٱلْقِرَاءَةِ وَلٰكِنَّهُ عَمِيقُ ٱلْمَعْنَى.**

古典文学は読むのが難しいが，含蓄がある。

▶قِرَاءَةٌ「読むこと」（動名詞）< قَرَأَ 146。 صَعْبُ ٱلْقِرَاءَةِ「読むのが難しい」。 عَمِيقٌ「深い」。
مَعْنًى「意味」。 عَمِيقُ ٱلْمَعْنَى「意味が深い」

---

アッ=シウル・ル=ジャーヒリー・ワ=アーヤートゥ・ル=クルアーン・アサース・ッ=ルガ・ル=アラビイヤ・ル=フスハー

**اَلشِّعْرُ ٱلْجَاهِلِيُّ وَآيَاتُ ٱلْقُرْآنِ أَسَاسُ ٱللُّغَةِ ٱلْعَرَبِيَّةِ ٱلْفُصْحَى.**

ジャーヒリー詩とコーラン（アル=クルアーン）の聖句とは，正則アラビア語の根拠だ。

▶جَاهِلِيٌّ「ジャーヒリー時代の，イスラーム以前の」。 آيَاتٌ 複 < آيَةٌ「（クルアーンの）節」。
أَسَاسٌ「基礎，基本」。 عَرَبِيَّةٌ「アラビアの」女 < عَرَبٌ 224「アラブ」

---

バイナ・ル=カスライン・リワーヤ・ハースィラ・アラー・ジャーイザティ・ヌーベル・リ=ル=アダブ

**"بَيْنَ ٱلْقَصْرَيْنِ" رِوَايَةٌ حَاصِلَةٌ عَلَى جَائِزَةِ نُوبِلْ لِلْأَدَبِ.**

『バイナル・カスライン』はノーベル文学賞を受賞した小説だ。

▶بَيْنَ ٱلْقَصْرَيْنِ「バイナル・カスライン（カイロの通りの名。直訳：2つの城の間）」固。 … حَاصِلَةٌ عَلَى
「…を得ている」（能動分詞）女 < … حَصَلَ عَلَى。 جَائِزَةٌ「賞」。 نُوبِلْ「ノーベル」固

---

カラア・ル=キターブ・ワ=フワ・ユダッヒン・ファ=ワカア・ラマードゥ・ッ=スィージャーラ・アラ・ッ=サフハ

**قَرَأَ ٱلْكِتَابَ وَهُوَ يُدَخِّنُ فَوَقَعَ رَمَادُ ٱلسِّيجَارَةِ عَلَى ٱلصَّفْحَةِ.**

彼は喫煙しながら本を読んだ。すると煙草の灰がページに落ちた。

▶وَ 197 そのときの状態を表す。 يُدَخِّنُ「喫煙する」3|男|単|未完|直説 < دَخَّنَ Ⅱ。 فَـ …「すると」
（参 وَ 197）。 وَقَعَ「落ちる」3|男|単|完。 رَمَادٌ「灰」。 سِيجَارَةٌ「煙草」。 صَفْحَةٌ「ページ」

| 1回目 | 年 月 日 | 2回目 | 年 月 日 | 3回目 | 年 月 日 | 達成率 |
|---|---|---|---|---|---|---|
| | ／7 | | ／7 | | ／7 | 94 % |

470 □□□ ムースィーカー

مُوسِيقَى

名|女 音楽

▪ حَفْلَةٌ 女「パーティー；上演会，コンサート」

471 □□□ ウグニヤ

أُغْنِيَةٌ

名|女 歌

▪ 複 أُغْنِيَاتٌ ，أَغَانٍ

▪ غَنَّى Ⅱ「歌う」

▪ مُطْرِبٌ 男「歌手」

472 □□□ マスラヒイヤ

مَسْرَحِيَّةٌ

名|女 劇

▪ 複 مَسْرَحِيَّاتٌ

▪ مَسْرَحٌ 男「劇場」

▪ مُمَثِّلٌ 男「俳優」

473 □□□ フィルム

فِيلْمٌ ، فِلْمٌ

名|男 フィルム；映画

▪ 複 أَفْلَامٌ

▪ فِيدِيُو 男「ビデオ」

474 □□□ スィーナマー

سِينَمَا

名|女 映画館

▪ 複 سِينَمَاتٌ

▪ مَهْرَجَانُ ٱلسِّينَمَا「映画祭」

475 □□□ リヤーダ

رِيَاضَةٌ

名|女 運動

▪ 複 رِيَاضَاتٌ

▪ رِيَاضِيَاتٌ 複「数学」
※頭の運動になるから。

476 □□□ クラトゥ・ル=カダム

كُرَةُ ٱلْقَدَمِ

名|女 サッカー

▪ كُرَةٌ 女「球，ボール」 كُرَةُ ٱلطَّاوِلَةِ「卓球」 كُرَةُ ٱلْقَاعِدَةِ「野球」
※ただし野球自体があまり知られていない。

ハル・ウスビフ・ザキーヤン・イザ・スタマウトゥ・イラー・ムースィーカー・ムーツァールト

**هَلْ أُصْبِحُ ذَكِيًّا إِذَا ٱسْتَمَعْتُ إِلَى مُوسِيقَى "مُوتسَارْتْ"؟**

もしモーツアルトの音楽を聴いたら，頭が良くなりますか。

▶إِذَا「もし」。... اِسْتَمَعْتُ إِلَى「…を聴く」[1|単|完] < اِسْتَمَعَ Ⅷ

---

アッリム＝ニー・ウグニヤ・アラビイヤ・サハラ・ワ＝ウガンニー＝ハー・フィ・ル＝ハフラ

**عَلِّمْنِي أُغْنِيَةً عَرَبِيَّةً سَهْلَةً وَأُغَنِّيهَا فِي ٱلْحَفْلَةِ.**

簡単なアラビア語の歌を私に教えてください。パーティーで歌います。

▶عَلِّمْ「教える」[男|単|命令] < عَلَّمَ Ⅱ。عَرَبِيَّةٌ「アラビアの」[女] < عَرَبٌ 224「アラブ」。
أُغَنِّي「歌う」[1|単|未完|直説] < غَنَّى Ⅱ。حَفْلَةٌ「パーティー」

---

カーナト・マスラヒイヤ・ビ＝ル＝アガーニー・ワ＝ビ＝ッ＝ラクス

**كَانَتْ مَسْرَحِيَّةً بِٱلْأَغَانِي وَبِٱلرَّقْصِ.**

歌あり踊りありの劇だった。

▶ٱلْأَغَانِي「歌」[複]（非限定形：أَغَانٍ）< أُغْنِيَةٌ [単] 471。رَقْصٌ「踊り」

---

ユヒッブ・ル＝ミスリーユーン・アフラーマ・ル＝クーミーディヤー

**يُحِبُّ ٱلْمِصْرِيُّونَ أَفْلَامَ ٱلْكُومِيدِيَا.**

エジプト人はコメディ映画が好きだ。

▶يُحِبُّ「愛する」[3|男|単|未完|直説] < أَحَبَّ 492 Ⅳ。مِصْرِيُّونَ「エジプト人」[男|複|主] < مِصْرُ 212。
كُومِيدِيَا「コメディ」

---

アークル・タアーマン・ハフィーファン・カブラ・アン・アズハバ・イラ・ッ＝スィーナマー

**آكُلُ طَعَامًا خَفِيفًا قَبْلَ أَنْ أَذْهَبَ إِلَى ٱلسِّينَمَا.**

映画館に行く前に，おやつにする。

▶خَفِيفٌ「軽い」（[反] ثَقِيلٌ「重い」）。أَنْ 496「～すること」

---

アフハム・アンナ・ッ＝リヤーダ・ジャイイダ・リ＝ッ＝スィッハ・ワラーキン＝ニー・ダイーフ・フィー＝ハー

**أَفْهَمُ أَنَّ ٱلرِّيَاضَةَ جَيِّدَةٌ لِلصِّحَّةِ وَلٰكِنِّي ضَعِيفٌ فِيهَا.**

運動が健康に良いとわかってはいるが，私は運動が不得手だ。

▶جَيِّدَةٌ「良い」[女]。صِحَّةٌ「健康」。ضَعِيفٌ「弱い」

---

クラトゥ・ル＝カダム・リヤーダ・シャアビイヤ・ジッダン・フィ・ッ＝シャルキ・ル＝アウサト

**كُرَةُ ٱلْقَدَمِ رِيَاضَةٌ شَعْبِيَّةٌ جِدًّا فِي ٱلشَّرْقِ ٱلْأَوْسَطِ.**

サッカーは中東でとても大衆的なスポーツだ。

▶شَعْبِيَّةٌ「庶民的な」[女]。اَلشَّرْقُ ٱلْأَوْسَطُ「中東」（[参] شَرْقٌ 227）

| 1回目 | 年　月　日 | 2回目 | 年　月　日 | 3回目 | 年　月　日 | 達成率 |
|---|---|---|---|---|---|---|
| | ／7 | | ／7 | | ／7 | 95 % |

477 □□□ ラーイブ
لَاعِبٌ
名|男 選手，プレイヤー
▪ 複 لَاعِبُونَ
▪ →381 لَعِبَ
▪ رِيَاضِيٌّ 男「アスリート」

478 □□□ ファリーク
فَرِيقٌ
名|男 チーム
▪ 複 فُرُوقٌ，أَفْرِقَةٌ，أَفرِقَاءُ

479 □□□ カアス・ル＝アーラム
كَأْسُ ٱلْعَالَمِ
名|女 ワールドカップ

480 □□□ ジャリーダ
جَرِيدَةٌ
名|女 新聞
▪ 複 جَرَائِدُ
▪ 同女 صَحِيفَةٌ

481 □□□ マジャッラ
مَجَلَّةٌ
名|女 雑誌
▪ 複 مَجَلَّاتٌ
▪ مَجَلَّةٌ أُسْبُوعِيَّةٌ「週刊誌」
▪ مَجَلَّةٌ شَهْرِيَّةٌ「月刊誌」

482 □□□ マカーラ
مَقَالَةٌ
名|女 記事
▪ 複 مَقَالَاتٌ

483 □□□ スーラ
صُورَةٌ
名|女 写真，絵；コピー
▪ 複 صُوَرٌ
▪ كَامِيرَا 女「カメラ」
▪ آلَةُ تَصْوِيرٍ 女「カメラ」

イシュタラカ・ッ=ラーイブーン・フィー・ムハイヤミ・ッ=タドリーブ

**اِشْتَرَكَ ٱللَّاعِبُونَ فِي مُخَيَّمِ ٱلتَّدْرِيبِ.**

選手たちはトレーニング・キャンプに参加した。

▶اِشْتَرَكَ فِي ...「…に参加する」[3|男|単|完|VIII]。مُخَيَّمٌ「キャンプ」。
تَدْرِيبٌ「訓練」(動名詞)<دَرَّبَ「訓練する」[II]

---

ナハヌ・ファリーク・ワーヒド・ビ=カルブ・ワーヒド

**نَحْنُ فَرِيقٌ وَاحِدٌ بِقَلْبٍ وَاحِدٍ.**

我々は心をひとつにしたワン・チームだ。

▶وَاحِدٌ「1」。قَلْبٌ「心，ハート」

---

ジャラト・カアス・ル=アーラム・リ=クラティ・ル=カダム・フィー・コリヤ・ル=ジャヌービイヤ・ワ=ル=ヤーバーン

**جَرَتْ كَأْسُ ٱلْعَالَمِ لِكُرَةِ ٱلْقَدَمِ فِي كُورِيَا ٱلْجَنُوبِيَّةِ وَٱلْيَابَانِ.**

サッカーのワールドカップが，韓国と日本で行われた。

▶جَرَتْ「走る；行われる」[3|女|単|完]<جَرَى 439。كُورِيَا「コリア（北朝鮮／韓国）」[固]。
جَنُوبِيَّةٌ「南の」[女]<جَنُوبٌ 226

---

ヤー・ライタ=ニー・アスタティーウ・アン・アクラア・ル=ジャラーイダ・ル=アラビイヤ

**يَا لَيْتَنِي أَسْتَطِيعُ أَنْ أَقْرَأَ ٱلْجَرَائِدَ ٱلْعَرَبِيَّةَ.**

アラビア語の新聞を読むことができたらなあ。

▶يَا لَيْتَ「〜だったらなあ」[接]（後続する主語は[対]）。أَسْتَطِيعُ「できる」[1|単|未完|直説]<اِسْتَطَاعَ
494 [X]。أَنْ 496「〜すること」。عَرَبِيَّةٌ「アラビアの」[女]<عَرَبٌ 224「アラブ」

---

ラー・アスィク・ビ=マカーラーティ・ル=マジャッラーティ・ル=ウスブーイイヤ

**لَا أَثِقُ بِمَقَالَاتِ ٱلْمَجَلَّاتِ ٱلْأُسْبُوعِيَّةِ.**

私は週刊誌の記事を信用しない。

▶لَا「〜しない（否定辞）」。أَثِقُ「信頼する」[1|単|未完|直説]<وَثِقَ。
مَقَالَاتٌ「記事」[複]<مَقَالَةٌ 482 [単]。أُسْبُوعِيَّةٌ「週の，週刊の」[女]<أُسْبُوعٌ 191

---

カサストゥ・ル=マカーラ・ル=カスィーラ・ミナ・ル=ジャリーダ

**قَصَصْتُ ٱلْمَقَالَةَ ٱلْقَصِيرَةَ مِنَ ٱلْجَرِيدَةِ.**

私はその短い記事を新聞から切り抜いた。

▶قَصَصْتُ「切る」[1|単|完]<قَصَّ

---

アハズトゥ・スーラ・リ=サフハティ・ッ=スーラ・ッ=シャフスィイヤ・フィー・ジャワーズィ・ッ=サファル

**أَخَذْتُ صُورَةً لِصَفْحَةِ ٱلصُّورَةِ ٱلشَّخْصِيَّةِ فِي جَوَازِ ٱلسَّفَرِ.**

パスポートの顔写真ページのコピーを取った。

▶صَفْحَةٌ「ページ」。شَخْصِيَّةٌ「個人の」[女]<شَخْصٌ 057

| 1回目 | 年　月　日 ／7 | 2回目 | 年　月　日 ／7 | 3回目 | 年　月　日 ／7 | 達成率 97 % |
|---|---|---|---|---|---|---|

484 ハバル

خَبَرٌ

名|男 知らせ, ニュース

- 複 أَخْبَارٌ

485 マシュフール

مَشْهُورٌ

形 有名な；有名人

- 複 مَشَاهِيرُ

486 マウドゥーウ

مَوْضُوعٌ

名|男 テーマ, 主題

- 複 مَوَاضِيعُ , مَوْضُوعَاتٌ

487 ラアイ

رَأْيٌ

名|男 意見

- 複 آرَاءٌ
- 類男 نَظَرٌ「見ること, 視線；視点, 見方」

488 バルナーマジュ

بَرْنَامَجٌ

名|男 番組, プログラム

- 複 بَرَامِجُ

489 ティリフィズィユーン

تِلِفِزْيُونٌ

名|男 テレビ

- 複 تِلِفِزْيُونَاتٌ
- 同男 تِلْفَازٌ
- رَادِيُو 男「ラジオ」

490 サリーウ

سَرِيعٌ

形 速い

- 複 سِرَاعٌ , سُرْعَانٌ
- 反 بَطِيءٌ「遅い」
- سُرْعَةٌ 女「速さ」

トゥラー・ハル・アダム・ウジューディ・アフバール・フワ・ハバル・ジャイイド

**تُرَى هَلْ عَدَمُ وُجُودِ أَخْبَارٍ هُوَ خَبَرٌ جَيِّدٌ؟**

便りのないのは良い便りかしら。

▶ تُرَى「〜かしら？」。عَدَمٌ「〜のないこと」。وُجُودٌ「存在すること」。جَيِّدٌ「良い」

---

ヌリードゥ・アン・ヌシャーヒダ・ル＝アーサーラ・ル＝マシュフーラ・フィ・ル＝ウクスル

**نُرِيدُ أَنْ نُشَاهِدَ ٱلْآثَارَ ٱلْمَشْهُورَةَ فِي ٱلْأُقْصُرِ.**

私たちはルクソールで有名な遺跡が見たい。

▶ نُرِيدُ「欲する」1|複|未完|直説 <أَرَادَ 491。أَنْ 496「〜すること」。آثَارٌ「遺跡」複。
ٱلْأُقْصُرُ「ルクソール」固

---

アル＝ファルク・バイナ・ン＝ナキラ・ワ＝ル＝マアリファ・マウドゥーウ・カビール・リ＝ル＝ヤーバーニーイーン

**ٱلْفَرْقُ بَيْنَ ٱلنَّكِرَةِ وَٱلْمَعْرِفَةِ مَوْضُوعٌ كَبِيرٌ لِلْيَابَانِيِّينَ.**

非限定と限定の違いは，日本人にとって大きなテーマだ。

▶ فَرْقٌ「違い」。نَكِرَةٌ「非限定」。مَعْرِفَةٌ「限定」。يَابَانِيِّينَ「日本人」男|複|属 <ٱلْيَابَانُ 211「日本」

---

リ＝ナタバーダル・アーラーアーナー・ハウラ・ハーザ・ル＝マウドゥーウ

**لِنَتَبَادَلْ آرَاءَنَا حَوْلَ هٰذَا ٱلْمَوْضُوعِ.**

このテーマについて意見交換をしましょう。

▶ لِ「(要求を伴い) 〜させよ，Let...」。نَتَبَادَلْ「互いに交換する」1|複|未完|要求 <تَبَادَلَ Ⅵ

---

ウリードゥ・アン・アスタミア・イラー・ハーザ・ル＝バルナーマジ・ル＝ハーッス

**أُرِيدُ أَنْ أَسْتَمِعَ إِلَى هٰذَا ٱلْبَرْنَامَجِ ٱلْخَاصِّ.**

私はこの特別番組が聴きたい。

▶ أُرِيدُ「欲する」1|単|未完|直説 <أَرَادَ 491。أَنْ 496「〜すること」。
أَسْتَمِعَ إِلَى ...「…を聴く」1|単|未完|接続 <اِسْتَمَعَ Ⅷ。خَاصٌّ「特別の」

---

ウシャーヒドゥ・ムバーラータ・クラティ・ル＝カダム・フィ・ッ＝ティリフィズィユーン

**أُشَاهِدُ مُبَارَاةَ كُرَةِ ٱلْقَدَمِ فِي ٱلتِّلِفِزْيُونِ.**

私はテレビでサッカーの試合を見る。

▶ مُبَارَاةٌ「試合」

---

ハーザ・ッ＝ターリブ・サリーウ・ッ＝タアッルム

**هٰذَا ٱلطَّالِبُ سَرِيعُ ٱلتَّعَلُّمِ.**

この学生は飲み込みがはやい，物覚えが良い。

▶ تَعَلُّمٌ「学習」(動名詞) <تَعَلَّمَ「学ぶ」Ⅴ。سَرِيعُ ٱلتَّعَلُّمِ「物覚えがはやい」

| 1回目 | 年 月 日 ／7 | 2回目 | 年 月 日 ／7 | 3回目 | 年 月 日 ／7 | 達成率 98 % |
|---|---|---|---|---|---|---|

491 アラーダ
أَرَادَ
動|派|IV 欲しい
- 未完 يُرِيدُ

492 アハッバ
أَحَبَّ
動|派|IV 愛する，好む
- 未完 يُحِبُّ

493 タマンナー
تَمَنَّى
動|派|V 願う
- 未完 يَتَمَنَّى
- 類 رَجَا「願う」 未完 يَرْجُو
- 完|1|単 رَجَوْتُ

494 イスタターア
اِسْتَطَاعَ
動|派|X ～できる
- 未完 يَسْتَطِيعُ
- 類IV أَمْكَنَهَا أَنْ ...「彼女が…することが可能だ」
مُمْكِنٌ 形「可能な」

495 ヤジブ
يَجِبُ
動|未完 義務である
- 完 وَجَبَ
- ضَرُورِيٌّ 形「必要な」
- مَفْرُوضٌ 形「課された」

496 アン
أَنْ
接 ～すること
- 後に 未完|接続 の動詞を伴う。

497 ハッター
حَتَّى
接 ～まで；～でさえも

マーザー・トゥリードゥ・アン・トゥスビハ・フィ・ル=ムスタクバル

**مَاذَا تُرِيدُ أَنْ تُصْبِحَ فِي ٱلْمُسْتَقْبَلِ؟**

あなた〔男〕は将来，何になりたいですか。

▶مَاذَا「何？」（㊇ مَا 047）。مُسْتَقْبَلٌ「未来，将来」

ウヒッブ=キ

**أُحِبُّكِ.**

I love you.

アタマンナー・ラ=カ・ッ=シファーア・ル=アージル

**أَتَمَنَّى لَكَ ٱلشِّفَاءَ ٱلْعَاجِلَ.**

あなた〔男〕が早く快復されますよう願っています。

▶شِفَاءٌ「快復」。عَاجِلٌ「至急の」

ハル・タスタティーウ・アン・タスーカ・ッ=サイヤーラ

**هَلْ تَسْتَطِيعُ أَنْ تَسُوقَ ٱلسَّيَّارَةَ؟**

車の運転はできますか。

▶أَنْ 496「〜すること」。تَسُوقَ「運転する」2|男|単|未完|接続 <سَاقَ

ヤジブ・アライ=カ・アン・タルタディヤ・ル=キマーマ

**يَجِبُ عَلَيْكَ أَنْ تَرْتَدِيَ ٱلْكِمَامَةَ.**

あなた〔男〕はマスクを着用しなければならない。

▶أَنْ 496「〜すること」。تَرْتَدِيَ「着用する」2|男|単|未完|接続 <اِرْتَدَى Ⅷ。كِمَامَةٌ「マスク」

ハル・ミナ・ル=ムムキン・アン・ナアフザ・スワラン・フナー

**هَلْ مِنَ ٱلْمُمْكِنِ أَنْ نَأْخُذَ صُوَرًا هُنَا؟**

ここで写真を撮っても良いですか。

▶مُمْكِنٌ「可能な（こと）」

クッル=ナー・ナジャハナー・フィー・リムティハーン，ハッター・アナ・ナジャハトゥ・フィー=ヒ

**كُلُّنَا نَجَحْنَا فِي ٱلْاِمْتِحَانِ، حَتَّى أَنَا نَجَحْتُ فِيهِ.**

私たち全員がその試験に合格した，私でさえ合格した。

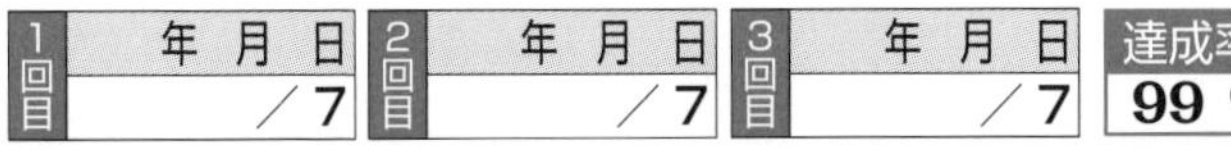

| 1回目 | 年　月　日 ／7 |
|---|---|
| 2回目 | 年　月　日 ／7 |
| 3回目 | 年　月　日 ／7 |
| 達成率 | 99 % |

498 □□□ サバーハ
صَبَاحٌ
名|男 朝
▪ فَجْرٌ 男「夜明け（日の出より前）」

499 □□□ ズフル
ظُهْرٌ
名|男 正午
▪ نَهَارٌ 男「昼間」

500 □□□ アスル
عَصْرٌ
名|男 午後；時代
▪ 類 بَعْدَ ٱلظُّهْرِ「午後」

501 □□□ マサーッ
مَسَاءٌ
名|男 夕方，晩
▪ →215 مَغْرِبٌ

502 □□□ ライル
لَيْلٌ
名|男 夜，夜間
▪ لَيْلَةٌ 女「一夜，一晩」
▪ عِشَاءٌ「晩（夜の礼拝の時間帯）」

503 □□□ ハルブ
حَرْبٌ
名|女 戦争
▪ 複 حُرُوبٌ
▪ جَيْشٌ 男「軍」
▪ جُنْدِيٌّ 男「兵士」

504 □□□ サラーム
سَلَامٌ
名|男 平和，平安
▪ سَلَامَةٌ 女「安寧，無事」

サバーフ・ル=ハイル　--- サバーフ・ン=ヌール

**صَبَاحُ ٱلْخَيْرِ. --- صَبَاحُ ٱلنُّورِ.**

おはよう。（善の朝）　―おはよう。（光の朝）

▶ خَيْرٌ「良い（こと）」。نُورٌ「光」

---

タクーン・サラートゥ・ッ=ズフル・フィ・ッ=サーア・ル=ワーヒダ・ビ=ッ=タウキーティ・ッ=サイフィー

**تَكُونُ صَلَاةُ ٱلظُّهْرِ فِي ٱلسَّاعَةِ ٱلْوَاحِدَةِ بِٱلتَّوْقِيتِ ٱلصَّيْفِيِّ.**

正午の礼拝は，夏時間では 1 時になる。

▶ وَاحِدَةٌ「1」女。تَوْقِيتٌ「○○時間」。صَيْفِيٌّ「夏の」< صَيْفٌ「夏」

---

ニムトゥ・カリーラン・アスラン

**نِمْتُ قَلِيلًا عَصْرًا.**

私は午後に少し寝た。

▶ نِمْتُ「寝る」1単完 < نَامَ 102。قَلِيلًا「少々」対 < قَلِيلٌ 155

---

イルジウ・フィ・ッ=サーア・ッ=ラービア・マサーアン・フィー・アブアディ・ワクト

**اِرْجِعْ فِي ٱلسَّاعَةِ ٱلرَّابِعَةِ مَسَاءً فِي أَبْعَدِ وَقْتٍ.**

遅くとも，夕方 4 時には帰りなさい。

▶ رَابِعَةٌ「第 4 の」女。أَبْعَدُ「最も遠い（最上級）」< بَعِيدٌ 261。وَقْتٌ「時，時間」（参 سَاعَةٌ 194）

---

ラカド・ダアー・ヌーハ・カウマ=フ・ライラン・ワ=ナハーラン

**لَقَدْ دَعَا نُوحٌ قَوْمَهُ لَيْلًا وَنَهَارًا.**

ヌーフは彼の民に昼も夜も呼びかけた。

▶ لَقَدْ「既に」。دَعَا「呼ぶ」3男単完。نُوحٌ「ヌーフ（旧約聖書のノアに該当）」固。
لَيْلًا「夜間」対（副詞的な用法）。نَهَارًا「昼間」対（副詞的な用法）

---

ナシバト・ハルブ・ウクトゥービル・フィ・ル=ヤウミ・ル=アーシル・ミン・ラマダーン

**نَشِبَتْ حَرْبُ أُكْتُوبِرَ فِي ٱلْيَوْمِ ٱلْعَاشِرِ مِنْ رَمَضَانَ.**

十月戦争（第 4 次中東戦争）は，ラマダーンの 10 日に勃発した。

▶ نَشِبَتْ「勃発する」3女単完 < نَشِبَ。أُكْتُوبِرُ「10月」（参 تِشْرِينُ ٱلْأَوَّلُ 185）。
عَاشِرٌ「第10の」男

---

アッサラーム・アライ=クム

**اَلسَّلَامُ عَلَيْكُمْ**

ごきげんよう。（あなたがたの上に平安がありますように）

# 文法復習⑥　派生形動詞

動詞の語根をダブらせたり，別の字を付け加えたりして作られる，「派生形」という形があります。كَتَبَ や دَرَسَ のような形を第1形として，派生形は，第2～10形まであり，以下のようなパターンをとります。

（上段：完了形，中段：未完了形直説形，下段：命令形）

<table>
<tr><td rowspan="3">第2形</td><td>فَعَّلَ</td><td rowspan="3">第5形</td><td>تَفَعَّلَ</td><td rowspan="3">第8形</td><td>اِفْتَعَلَ</td></tr>
<tr><td>يُفَعِّلُ</td><td>يَتَفَعَّلُ</td><td>يَفْتَعِلُ</td></tr>
<tr><td>فَعِّلْ</td><td>تَفَعَّلْ</td><td>اِفْتَعِلْ</td></tr>
<tr><td rowspan="3">第3形</td><td>فَاعَلَ</td><td rowspan="3">第6形</td><td>تَفَاعَلَ</td><td rowspan="3">第9形</td><td>اِفْعَلَّ</td></tr>
<tr><td>يُفَاعِلُ</td><td>يَتَفَاعَلُ</td><td>يَفْعَلُّ</td></tr>
<tr><td>فَاعِلْ</td><td>تَفَاعَلْ</td><td>اِفْعَلَّ／اِفْعَلِلْ</td></tr>
<tr><td rowspan="3">第4形</td><td>أَفْعَلَ</td><td rowspan="3">第7形</td><td>اِنْفَعَلَ</td><td rowspan="3">第10形</td><td>اِسْتَفْعَلَ</td></tr>
<tr><td>يُفْعِلُ</td><td>يَنْفَعِلُ</td><td>يَسْتَفْعِلُ</td></tr>
<tr><td>أَفْعِلْ</td><td>اِنْفَعِلْ</td><td>اِسْتَفْعِلْ</td></tr>
</table>

ただし，第1～10形まで全ての派生形を揃えている動詞はありません。アラビア語の動詞全体で見ると，第1～10形があるということです。

- 第7～10形の完了形と命令形の語頭の اِ は，連続ハムザです。未完了形では，これらは不要となり消えます。
- 第2～4形は，未完了形の接頭辞が，…نُ，…أُ，…تُ，…يُ（母音が -u）となります。さらに，第4形では，完了形のとき第4形の目印であった語頭の أَ が未完了形では消えてしまいます（命令形で復活）。

派生形動詞は，語根の意味に関連した意味を表すことが多いです。

| 第1形 | عَلِمَ | 知る |
|---|---|---|
| 第2形 | عَلَّمَ | 教える |
| 第5形 | تَعَلَّمَ | 学習する |

| 第1形 | بَعُدَ | 遠くある |
|---|---|---|
| 第3形 | بَاعَدَ | 遠ざける |
| 第6形 | تَبَاعَدَ | 遠ざかる |

派生形のそれぞれの形に意味の傾向がありますが，あくまでも「傾向」です。規則ではないので，その「傾向」で意味の説明しきれない派生形動詞もたくさんありますが，少し例を挙げておきます。（派生形の意味の傾向は，ここに挙げたもののほかにもたくさんあります）

| | | |
|---|---|---|
| 第2形 | 強調<br>他動詞化<br>二重他動詞化 | ضَرَبَ「打つ」→ ضَرَّبَ「激しく打つ」<br>فَرِحَ「喜ぶ」→ فَرَّحَ「喜ばせる」<br>دَرَسَ「学ぶ」→ دَرَّسَ「教える」 |
| 第3形 | 相手に～する | كَتَبَ「書く」→ كَاتَبَ「～に手紙を書く」 |
| 第4形 | 使役 | جَلَسَ「座る」→ أَجْلَسَ「座らせる」 |
| 第5形 | 第2形の再帰形 | عَلَّمَ「教える」→ تَعَلَّمَ「学ぶ」 |
| 第6形 | 第3形の再帰形<br>相互作用<br>～のふりをする | بَاعَدَ「遠ざける」→ تَبَاعَدَ「遠ざかる」<br>قَاتَلَ「～と戦う」→ تَقَاتَلَ「互いに戦い合う」<br>نَامَ「寝る」→ تَنَاوَمَ「狸寝入りをする」 |
| 第7形 | 第1形の再帰形 | كَسَرَ「壊す」→ اِنْكَسَرَ「壊れる」 |
| 第8形 | 第1形の再帰形 | جَمَعَ「集める」→ اِجْتَمَعَ「集まる」 |
| 第9形 | 何々色になる | أَحْمَرُ「赤い」 語根：حمر → اِحْمَرَّ「赤くなる」 |
| 第10形 | 第4形の再帰形<br>～することを頼む | أَعَدَّ「準備する」→ اِسْتَعَدَّ「準備ができる」<br>عَمِلَ「働く」→ اِسْتَعْمَلَ「使う」 |

## 発音と読み方6

アラビア語は，たいてい綴りのとおり発音していれば正しく読めるものですが，たまに例外的な綴りに出くわします。例を挙げましょう。

●動詞の男性複数の語尾の発音されないアリフ

فَعَلُوا ファアルー「彼らはおこなった」，تَفَضَّلُوا タファッダルー「（男性複数に対して）どうぞ」などの語尾のアリフは発音しません。

●100の発音されないアリフ

مِائَةٌ ミア「100」の中途のアリフも発音されないアリフです。発音どおりの مِئَةٌ という綴りもあります。

●男性名「アムル」の語尾の注意

男性名 عَمْرٌو「アムル」は，2段変化の男性名 عُمَرُ「ウマル」と区別するため，語尾に و を付けています。格変化は，主格：عَمْرٌو，属格：عَمْرٍو，対格：عَمْرًا となります。

# 文法復習⑦　基数詞のまとめ

**• 1 •**

名詞として用いられる形：男 أَحَدٌ ，女 إِحْدَى

名詞としても形容詞としても用いられる形：男 وَاحِدٌ ，女 وَاحِدَةٌ

**• 2 •**

男：主 اِثْنَانِ ，属対 اِثْنَيْنِ　　女：主 اِثْنَتَانِ ，属対 اِثْنَتَيْنِ

**• 3〜10 •**

男性名詞には ة 付きの数詞を，女性名詞には ة なしの数詞を使うという，逆転現象に注意。

| | 男性名詞に用いる | 女性名詞に用いる |
|---|---|---|
| 3 | ثَلَاثَةٌ | ثَلَاثٌ |
| 4 | أَرْبَعَةٌ | أَرْبَعٌ |
| 5 | خَمْسَةٌ | خَمْسٌ |
| 6 | سِتَّةٌ | سِتٌّ |
| 7 | سَبْعَةٌ | سَبْعٌ |
| 8 | ثَمَانِيَةٌ | ثَمَانٍ |
| 9 | تِسْعَةٌ | تِسْعٌ |
| 10 | عَشَرَةٌ | عَشْرٌ |

**• 11〜19 •**

11〜19の数詞は，12の1の位を除いて，語尾がまったく格変化しません。

また10の位の形が10ぴったりの場合と異なるので注意してください。

| | 男性名詞に用いる | 女性名詞に用いる |
|---|---|---|
| 11 | أَحَدَ عَشَرَ | إِحْدَى عَشْرَةَ |
| 12 主 | اِثْنَا عَشَرَ | اِثْنَتَا عَشْرَةَ |
| 12 属対 | اِثْنَيْ عَشَرَ | اِثْنَتَيْ عَشْرَةَ |
| 13 | ثَلَاثَةَ عَشَرَ | ثَلَاثَ عَشْرَةَ |
| 14 | أَرْبَعَةَ عَشَرَ | أَرْبَعَ عَشْرَةَ |
| 15 | خَمْسَةَ عَشَرَ | خَمْسَ عَشْرَةَ |
| 16 | سِتَّةَ عَشَرَ | سِتَّ عَشْرَةَ |
| 17 | سَبْعَةَ عَشَرَ | سَبْعَ عَشْرَةَ |
| 18 | ثَمَانِيَةَ عَشَرَ | ثَمَانِيَ عَشْرَةَ |
| 19 | تِسْعَةَ عَشَرَ | تِسْعَ عَشْرَةَ |

**• 20〜99 •**

10の位は 男女 共通。（格語尾変化は男性語尾複数形と同様）

| | | | | | | | |
|---|---|---|---|---|---|---|---|
| 20 | عِشْرُونَ | 30 | ثَلَاثُونَ | 40 | أَرْبَعُونَ | 50 | خَمْسُونَ |
| 60 | سِتُّونَ | 70 | سَبْعُونَ | 80 | ثَمَانُونَ | 90 | تِسْعُونَ |

|  | 男性名詞に用いる | 女性名詞に用いる |
|---|---|---|
| 21 | أَحَدٌ وَعِشْرُونَ | إِحْدَى وَعِشْرُونَ |
| 22 | اِثْنَانِ وَعِشْرُونَ | اِثْنَتَانِ وَعِشْرُونَ |
| 23 | ثَلَاثَةٌ وَعِشْرُونَ | ثَلَاثٌ وَعِشْرُونَ |
| 24 | أَرْبَعَةٌ وَعِشْرُونَ | أَرْبَعٌ وَعِشْرُونَ |

※「21」の男性形については，وَاحِدٌ وَعِشْرُونَ も用いられます。

### • 100～ •

100およびその倍数も男女共通。「100」の綴りは2通りあります。(発音はいずれも「ミア」)

| 100 |
|---|
| مِئَةٌ ／ مِائَةٌ |

200以降（「百」の部分のアリフなしの綴りの例）：

| 200 | مِئَتَانِ | 600 | سِتُّ مِئَةٍ |
|---|---|---|---|
| 300 | ثَلَاثُ مِئَةٍ | 700 | سَبْعُ مِئَةٍ |
| 400 | أَرْبَعُ مِئَةٍ | 800 | ثَمَانِ مِئَةٍ |
| 500 | خَمْسُ مِئَةٍ | 900 | تِسْعُ مِئَةٍ |

1000以上の基数詞の例：

| 1000 | أَلْفٌ |
|---|---|
| 2000 | أَلْفَانِ |
| 3000 | ثَلَاثَةُ آلَافٍ |
| 1万 | عَشَرَةُ آلَافٍ |
| 100万 | مِلْيُونٌ |
| 300万 | ثَلَاثَةُ مَلَايِينَ |

基数詞と，そのあとに続く名詞の形をまとめると，以下のようになります。

| | |
|---|---|
| 1，2 | 名詞が後続しない。 |
| 3～10 | 複\|属 の名詞 |
| 11～99 | 単\|対 の名詞 |
| 100の倍数 | 単\|属 の名詞 |
| 100超 | 端数に合わせた形の名詞 |

- 8人の女子学生　ثَمَانِي طَالِبَاتٍ
- アリババと40人の盗賊　عَلِي بَابَا وَالْأَرْبَعُونَ لِصًّا
- ともだち100人　مِئَةُ صَدِيقٍ
- (コーランの) 114の章　مِائَةٌ وَأَرْبَعَ عَشْرَةَ سُورَةً
- 千一夜　أَلْفُ لَيْلَةٍ وَلَيْلَةٌ

# 見出し語索引

### ذ



### ر



### ز



### س



### ش



### ص

**榮谷 温子**（さかえだに・はるこ）

カイロ・アメリカン大学大学院修士課程修了（M.A., アラビア語教育），東京外国語大学大学院博士後期課程修了（博士（学術），アラビア語）。慶應義塾大学ほかでアラビア語講師を務めるほか，NHK ラジオのアラビア語講座も担当した。2022〜24 年，The American Association of Teachers of Arabic (AATA) の Executive Board メンバー。著書に『こうすれば話せる CD アラビア語』（共著，朝日出版社，2003 年），『はじめましてアラビア語』（単著，第三書館，2014 年）ほか。



**1か月で復習する**
**アラビア語 基本の500単語**

2024 年 6 月 1 日　初版第 1 刷発行

著　者　榮谷 温子
制　作　ツディブックス株式会社
発行者　田中 稔
発行所　株式会社 語研
〒101-0064
東京都千代田区神田猿楽町 2-7-17
電　話 03-3291-3986
ファクス 03-3291-6749
組　版　ツディブックス株式会社
印刷・製本　シナノ書籍印刷株式会社

ISBN978-4-87615-434-0 C0087
書名 イッカゲツデフクシュウスル アラビアゴ キホンノゴヒャクタンゴ
著者 サカエダニ ハルコ



定価：本体 2,200 円＋税（10%）［税込定価 2,420 円］
乱丁本，落丁本はお取り替えいたします。

株式会社 語研 GOKEN
語研ホームページ https://www.goken-net.co.jp/

本書の感想は
スマホから↓